上海市工程建设规范

型钢混凝土组合桥梁设计标准

Standard for design of steel reinforced concrete composite bridges

DG/TJ 08-2299-2019
J 14878-2019

主编单位：上海市城市建设设计研究总院(集团)有限公司
　　　　　上海勘测设计研究院有限公司
批准部门：上海市住房和城乡建设管理委员会
施行日期：2020年2月1日

同济大学出版社

2019　上海

图书在版编目(CIP)数据

型钢混凝土组合桥梁设计标准/上海市城市建设设计研究总院(集团)有限公司,上海勘测设计研究院有限公司主编. --上海:同济大学出版社,2019.12
ISBN 978-7-5608-8824-8

Ⅰ.①型… Ⅱ.①上…②上… Ⅲ.①钢筋混凝土桥－桥梁设计－设计标准－上海 Ⅳ.①U448.332.5-65

中国版本图书馆 CIP 数据核字(2019)第 255306 号

型钢混凝土组合桥梁设计标准

上海市城市建设设计研究总院(集团)有限公司
上海勘测设计研究院有限公司   主编

策划编辑	张平官
责任编辑	朱　勇
责任校对	徐春莲
封面设计	陈益平
出版发行	同济大学出版社　www.tongjipress.com.cn
	(地址:上海市四平路1239号　邮编:200092　电话:021-65985622)
经　　销	全国各地新华书店
印　　刷	浦江求真印务有限公司
开　　本	889mm×1194mm　1/32
印　　张	3
字　　数	81000
版　　次	2019年12月第1版　2019年12月第1次印刷
书　　号	ISBN 978-7-5608-8824-8
定　　价	30.00元

本书若有印装质量问题,请向本社发行部调换　　版权所有　侵权必究

上海市住房和城乡建设管理委员会文件

沪建标定〔2019〕586号

上海市住房和城乡建设管理委员会关于批准《型钢混凝土组合桥梁设计标准》为上海市工程建设规范的通知

各有关单位：

由上海市城市建设设计研究总院（集团）有限公司和上海勘测设计研究院有限公司主编的《型钢混凝土组合桥梁设计标准》，经我委审核，现批准为上海市工程建设规范，统一编号为DG/TJ 08-2299-2019，自2020年2月1日起实施。

本规范由上海市住房和城乡建设管理委员会负责管理，上海市城市建设设计研究总院（集团）有限公司负责解释。

特此通知。

上海市住房和城乡建设管理委员会
二〇一九年九月二十六日

前　言

根据上海市住房和城乡建设管理委员会《关于印发〈2016年上海市工程建设规范编制计划〉的通知》(沪建交〔2015〕871号)的要求,由上海市城市建设设计研究总院(集团)有限公司和上海勘测设计研究院有限公司会同相关单位经深入调查研究,认真总结实践经验,并在广泛征求各方意见的基础上,制定了本标准。

本标准的主要内容有:总则;术语和符号;基本规定;材料;承载能力极限状态计算;正常使用极限状态验算;结合与连接设计;构造规定;耐久性与可维护设计。

各有关单位及相关人员在执行本标准过程中,如有意见或建议,请及时反馈至上海市城市建设设计研究总院(集团)有限公司(地址:上海市东方路3447号;邮编:200125;E-mail:guifanbianzhi@sucdri.com),或上海市建筑建材业市场管理总站(地址:上海市小木桥路683号;邮编:200032;E-mail:bzglk@zjw.sh.gov.cn),以便修订时参考。

主　编　单　位:上海市城市建设设计研究总院(集团)有限公司
　　　　　　　　上海勘测设计研究院有限公司
参　编　单　位:同济大学
　　　　　　　　上海浦东建筑设计研究院有限公司
　　　　　　　　上海公路桥梁(集团)有限公司
　　　　　　　　中铁十二局集团有限公司
主 要 起 草 人:陆元春　胡晓静　刘玉擎　李雪峰　倪文全
　　　　　　　　周　良　张大伟　杨端俊　吴　钢　丁佳元
　　　　　　　　杨　飞　任东辉　郭卓明　王贤林　姜　磊

　　　　　　罗　晗　谢　涛　何晓光　成卫忠　蔡　亮
　　　　　　徐俊杰
主要审查人:徐利平　李国平　李　坚　张蓓雯　周文海
　　　　　　程为和　徐　犇　冀振龙　商国平

上海市建筑建材业市场管理总站
2019 年 5 月

目 次

1 总 则 ·· 1
2 术语和符号 ··· 2
　2.1 术 语 ··· 2
　2.2 符 号 ··· 2
3 基本规定 ··· 7
　3.1 一般规定 ··· 7
　3.2 作用及作用效应 ································ 8
　3.3 结构设计计算原则 ······························ 8
4 材 料 ··· 10
　4.1 混凝土 ·· 10
　4.2 钢 材 ·· 11
　4.3 普通钢筋 ··· 13
　4.4 预应力筋 ··· 14
5 承载能力极限状态计算 ························· 17
　5.1 一般规定 ··· 17
　5.2 抗弯承载力计算 ································ 17
　5.3 轴心受力承载力计算 ·························· 25
　5.4 抗拉弯、压弯承载力计算 ····················· 26
　5.5 抗剪承载力计算 ································ 32
6 正常使用极限状态验算 ························· 35
　6.1 一般规定 ··· 35
　6.2 抗裂验算 ··· 35
　6.3 裂缝宽度验算 ···································· 37
　6.4 挠度验算 ··· 39

7 结合与连接设计	41
7.1 一般规定	41
7.2 抗剪连接件	41
7.3 构件的连接	43
8 构造规定	46
8.1 一般规定	46
8.2 结合与连接构造	47
9 耐久性与可维护设计	50
9.1 一般规定	50
9.2 耐久性设计	51
9.3 可维护设计	53
本标准用词说明	55
引用标准名录	56
条文说明	57

Contents

1 General ··· 1
2 Terms and symbols ······································ 2
   2.1 Terms ··· 2
   2.2 Symbols ·· 2
3 Basic requirements ······································ 7
   3.1 General requirements ··························· 7
   3.2 Actions and combination of actions ········· 8
   3.3 Principles of structural design and calculation ········· 8
4 Materials ·· 10
   4.1 Concrete ·· 10
   4.2 Structural steel ··································· 11
   4.3 Reinforcing steel ································· 13
   4.4 Prestressing steel ································ 14
5 Ultimate limit states ····································· 17
   5.1 General requirements ··························· 17
   5.2 Resistance of members in bending ·········· 17
   5.3 Resistance of members in axial compression ········· 25
   5.4 Resistance of members in combined tension and bending or in combined compression and bending ··· 26
   5.5 Resistance of members in shear ·············· 32
6 Serviceability limit states ······························ 35
   6.1 Serviceability limit states ······················ 35
   6.2 Resistance of crack ······························ 35
   6.3 Calculation of crack widths ···················· 37

   6.4   Calculation of deflection ·· 39
7   Design of combination and connection ························ 41
   7.1   General requirements ··· 41
   7.2   Shear connector for combination ························· 41
   7.3   Connection of menbers ·· 43
8   Construction regulations ·· 46
   8.1   General requirements ··· 46
   8.2   Construction of combination and connection ·········· 47
9   Design of durability and maintainability ························ 50
   9.1   General requirements ··· 50
   9.2   Design of durability ··· 51
   9.3   Design of maintainability ······································· 53
Explanation of wording in this code ································· 55
List of quoted standards ··· 56
Explanation of provisions ··· 57

1 总　则

1.0.1 为使型钢混凝土组合桥梁的设计符合安全可靠、适用耐久、经济合理的要求,制定本标准。

1.0.2 本标准适用于本市城市道路和公路中采用型钢混凝土组合构件的桥梁设计。

1.0.3 本市型钢混凝土组合桥梁的设计除应符合本标准外,尚应符合国家现行有关标准的规定。

2 术语和符号

2.1 术语

2.1.1 型钢混凝土组合桥梁 steel reinforced concrete composite bridges

采用型钢混凝土组合构件作为主要受力构件的桥梁。

2.1.2 型钢混凝土组合构件 steel reinforced concrete composite members

混凝土内配置型钢(轧制或焊接成型)和钢筋,共同受力的构件。

2.1.3 换算截面刚度 transformed sectton stiffness

进行型钢混凝土组合构件计算时,将钢筋混凝土和钢材两种不同材料,换算成同一种材料的截面刚度。

2.1.4 型钢保护层厚度 concrete cover depth for steel section

型钢外包混凝土的厚度,即型钢外表面法向方向距混凝土外表面的最小距离。

2.2 符号

2.2.1 材料性能

E_c——混凝土弹性模量;

E_a——型钢弹性模量;

E_s——普通钢筋弹性模量;

E_p——预应力钢筋弹性模量;

f_{ck}, f_{cd}——混凝土轴心抗压强度标准值、设计值;

f_{tk}, f_{td}——混凝土轴心抗拉强度标准值、设计值；

f_{sk}, f_{sd}——普通钢筋抗拉强度标准值、设计值；

f_{pk}, f_{pd}——预应力钢筋抗拉强度标准值、设计值；

f'_{sd}, f'_{pd}——普通钢筋、预应力钢筋抗压强度设计值；

f'_{ad}——型钢上翼缘材料抗拉、抗压和抗弯强度设计值；

f_{ad}——型钢下翼缘材料抗拉、抗压和抗弯强度设计值；

f_{wd}——型钢腹板材料抗拉、抗压和抗弯强度设计值；

f_{sv}——箍筋强度设计值。

2.2.2 作用与作用效应

M_{ud}——抗弯极限承载力设计值；

M_c——混凝土截面抗裂弯矩；

M_q——按荷载标准组合计算的弯矩值；

M_s——按荷载频遇组合计算的弯矩值；

M_0——截面消压弯矩；

N_{p0}——计算截面上混凝土法向应力等于零时，预应力钢筋及普通钢筋的合力；

N_{ud}——轴心受拉极限承载力设计值；

N_v^c——单个抗剪连接件抗剪承载力设计值；

V_b——梁的抗剪承载能力设计值；

V_c——混凝土部分抗剪承载能力；

V_{sv}——箍筋部分抗剪承载能力；

V_a——型钢部分抗剪承载能力；

V_p——由预应力而提高的截面抗剪承载力；

σ_{p0}——受拉区纵向预应力钢筋合力点处混凝土法向应力等于零时预应力钢筋的应力；

σ_{a1}——腹板顶部拉应力；

σ_{a2}——腹板顶部压应力；

σ_{a4}——型钢腹板底部应力；

σ_{s1}——受拉区普通纵向钢筋应力；

σ_t——由作用频遇或准永久组合下的截面边缘拉应力；

σ_{tp}——由作用频遇组合和预加力产生的混凝土主拉应力；

σ_{pc}——由预应力在截面边缘产生的压应力；

σ_{sk}——使用阶段钢筋应力值；

w_{max}——最大裂缝宽度。

2.2.3 几何参数

A_s——受拉区纵向普通钢筋的截面面积；

A'_s——受压区纵向普通钢筋的截面面积；

A_{sv}——同一截面内箍筋各肢的总截面面积；

A_p——受拉区纵向预应力钢筋的截面面积；

A'_p——受压区纵向预应力钢筋的截面面积；

A'_{af}——型钢截面上翼缘面积；

A_{af}——型钢截面下翼缘面积；

A_{aw}——型钢截面腹板面积；

A_c——混凝土净截面积；

A_{a1}——实际处于受压区的型钢面积；

B_s——型钢混凝土梁按荷载频遇组合作用下的短期刚度；

B_0——未开裂的型钢混凝土梁按荷载频遇组合作用下的短期刚度；

B_{src}——普通型钢混凝土梁按荷载频遇组合作用下的短期刚度；

I_0——换算截面惯性矩；

I_a——型钢截面惯性矩；

b——截面宽度；

h——截面高度；

s——沿构件长度方向上箍筋间距；

x——按等效矩形应力图的计算混凝土受压区高度；

a_f ——型钢截面下翼缘板下边缘至截面近边距离;

a_f' ——型钢截面上翼缘板上边缘至截面近边距离;

a_s ——受拉区普通钢筋形心至受拉区截面边缘的距离;

a_s' ——受压区普通钢筋形心至受压区截面边缘的距离;

a_p ——受拉区预应力钢筋形心至受拉区截面边缘的距离;

h_0 ——截面有效高度;

h_0' ——受压侧有效高度;

t_f ——型钢下翼缘板厚度;

t_f' ——型钢上翼缘板厚度;

t_w ——型钢腹板厚度;

a_{f1} ——型钢下翼缘形心至截面下边缘距离;

a_{f2} ——型钢上翼缘形心至截面上边缘距离;

h_w ——型钢上翼缘形心至下翼缘形心距离;

a_f ——型钢截面下翼缘至截面下边缘距离;

h_{a1} ——型钢上翼缘形心受拉但未屈服时,腹板临界屈服纤维距截面上缘的距离;

h_{a2} ——型钢上翼缘形心受压但未屈服时,腹板临界屈服纤维距截面上缘的距离;

h_{a3} ——截面中和轴距型钢腹板临界屈服纤维的距离;

h_{a4} ——截面中和轴距型钢受压区临界屈服纤维的距离;

l_{cr} ——平均裂缝间距;

c ——混凝土保护层厚度;

d_e ——受拉区钢材的等效钢筋直径;

u_{a1} ——实际中和轴以下部分型钢周长;

e ——初始偏心距;

e_0 ——轴向力对截面重心轴的偏心距;

e_a ——附加偏心距;

e_s ——轴向力作用位置距离受拉侧普通纵向钢筋形心

e'_s——轴向力作用位置距离受压侧普通纵向钢筋形心距离；

e_1——预应力筋形心距截面形心的距离；

y_s——截面重心距受拉钢筋受力点的距离；

l_0——受压构件的计算长度。

2.2.4 计算系数及其他

γ_0——桥梁结构重要性系数；

α_1——截面受压区矩形应力图的应力值与实际受压区极限压应力的比值；

β_1——截面受压区矩形应力图高度与实际受压区高度的比值；

β_c——混凝土强度影响系数；

φ——轴压构件稳定系数；

η——偏心距增大系数；

η_s——使用阶段的轴向压力偏心距增大系数；

λ——剪跨比；

ρ_s——纵向受拉钢筋配筋率；

ρ_{te}——按有效受拉混凝土截面面积计算的纵向受拉钢筋配筋率；

ψ——考虑型钢翼缘作用的钢筋应变不均匀系数；

η_θ——考虑长期效应组合对挠度的增长系数。

3 基本规定

3.1 一般规定

3.1.1 本标准采用以概率理论为基础的极限状态设计方法，按分项系数的设计表达式进行设计。

3.1.2 型钢混凝土组合桥梁应按下列两类极限状态进行设计：

1 承载能力极限状态：对应于型钢混凝土组合桥梁或其构件达到最大承载能力，或出现不适于继续承载的变形或变位的状态。

2 正常使用极限状态：对应于型钢混凝土组合桥梁或其构件达到正常使用或耐久性的某项限值的状态。

3.1.3 型钢混凝土组合桥梁应根据下列设计状况进行相应的极限状态设计：

1 持久状况：桥梁建成后承受结构自重、车辆荷载等持续时间较长的状况，该状况应进行承载能力极限状态和正常使用极限状态设计。

2 短暂状况：在型钢混凝土组合构件制作、运送和桥梁架设过程中承受临时荷载的状况，该状况应进行承载能力极限状态设计，必要时进行正常使用极限状态设计。

3 地震状况：在桥梁使用过程中遭受地震时的状况，该状况应进行承载能力极限状态设计。

4 偶然状况：在桥梁使用过程中偶然出现的状况，该状况只需进行承载能力极限状态设计。

3.1.4 型钢混凝土组合桥梁的设计基准期应为100年。

3.1.5 型钢混凝土组合桥梁的设计使用年限应按表3.1.5采用。

表 3.1.5 型钢混凝土组合桥梁的设计使用年限

类别	设计使用年限(年)	桥梁类型
1	30	小桥
2	50	中桥、重要小桥
3	100	特大桥、大桥、重要中桥

注:对有特殊要求结构的设计使用年限,可在上述规定基础上经技术经济论证后予以调整。

3.2 作用及作用效应

3.2.1 型钢混凝土组合桥梁的荷载分类、效应组合与荷载计算应根据工程性质的不同,分别按现行行业标准《城市桥梁设计规范》CJJ 11 或《公路桥涵设计通用规范》JTG D60 执行。

3.2.2 承载能力极限状态计算时,作用(或荷载)的效应(其中汽车荷载应计入冲击系数)应采用基本组合;结构材料性能采用其强度设计值。

3.2.3 正常使用极限状态计算时,作用(或荷载)的效应(其中汽车荷载不应计入冲击系数)应采用其标准组合。

3.3 结构设计计算原则

3.3.1 型钢混凝土桥梁承载能力极限状态计算,应采用下式:

$$\gamma_0 S_d \leqslant R_d \quad (3.3.1)$$

式中:γ_0——桥梁结构重要性系数;
S_d——作用(或荷载)效应的组合设计值;
R_d——构件承载力设计值。

3.3.2 型钢混凝土桥梁正常使用极限状态计算,应采用下式:

$$S_{sd} \leqslant C \quad (3.3.2)$$

式中:S_{sd}——正常使用极限状态作用(或荷载)组合的效应设计值;
C——结构构件达到正常使用要求所规定的变形、应力和裂缝宽度等的限值。

3.3.3 型钢混凝土组合桥梁应按下列规定进行抗倾覆稳定性验算：

1 在作用基本组合下，单向受压支座应始终保持受压状态。

2 当整联只采用单向受压支座支承时，应符合下式要求：

$$\frac{\sum S_{bk,i}}{\sum S_{sk,i}} \geqslant k_{qf} \quad (3.3.3)$$

式中：k_{qf}——抗倾覆稳定系数，取 $k_{qf}=2.5$；

$\sum S_{bk,i}$——梁体抗倾覆作用的基本组合（分项系数均为1.0）的效应设计值；

$\sum S_{sk,i}$——使梁体倾覆作用的基本组合（分项系数均为1.0）的效应设计值。

3.3.4 在进行结构内力计算时，型钢混凝土组合构件的换算截面刚度可按下列规定计算：

1 换算抗弯刚度

$$EI = E_c I_c + E_a I_a \quad (3.3.4\text{-}1)$$

2 换算轴向刚度

$$EA = E_c A_c + E_a A_a \quad (3.3.4\text{-}2)$$

3 换算抗剪刚度

$$GA = G_c A_c + G_a A_a \quad (3.3.4\text{-}3)$$

式中：EI, EA, GA——型钢混凝土构件换算截面抗弯刚度、轴向刚度、抗剪刚度；

$E_c I_c, E_c A_c, G_c A_c$——钢筋混凝土部分的截面抗弯刚度、轴向刚度、抗剪刚度；

$E_a I_a, E_a A_a, G_a A_a$——型钢部分的截面抗弯刚度、轴向刚度、抗剪刚度。

3.3.5 型钢混凝土组合构件在正常使用极限状态应力计算时应计入施工顺序，以及混凝土徐变和收缩等作用的影响。

4 材 料

4.1 混凝土

4.1.1 混凝土强度等级应按边长为150mm立方体试件的抗压强度标准值确定。

4.1.2 型钢混凝土组合构件中混凝土强度等级应符合下列规定：

    1 型钢混凝土组合构件不应低于C30。

    2 预应力型钢混凝土组合构件不应低于C40。

4.1.3 混凝土轴心抗压强度标准值 f_{ck} 和轴心抗拉强度标准值 f_{tk} 应按表4.1.3采用。

表4.1.3 混凝土强度标准值(MPa)

强度种类 \ 强度等级	C30	C35	C40	C45	C50	C55	C60	C65	C70	C75	C80
f_{ck}	20.1	23.4	26.8	29.6	32.4	35.5	38.5	41.5	44.5	47.4	50.2
f_{tk}	2.01	2.20	2.40	2.51	2.65	2.74	2.85	2.93	3.00	3.05	3.10

4.1.4 混凝土轴心抗压强度设计值 f_{cd} 和轴心抗拉强度设计值 f_{td} 应按表4.1.4采用。

表4.1.3 混凝土强度标准值(MPa)

强度种类 \ 强度等级	C30	C35	C40	C45	C50	C55	C60	C65	C70	C75	C80
f_{cd}	13.8	16.1	18.4	20.5	22.4	24.4	26.5	28.5	30.5	32.4	34.6
f_{td}	1.39	1.52	1.65	1.74	1.83	1.89	1.96	2.02	2.07	2.10	2.14

4.1.5 混凝土受压或受拉时的弹性模量 E_c 应按表 4.1.5 采用。

表 4.1.5 混凝土的弹性模量（MPa）

强度等级	C30	C35	C40	C45	C50	C55	C60	C65	C70	C75	C80
$E_c(\times 10^4 \text{MPa})$	3.00	3.15	3.25	3.35	3.45	3.55	3.60	3.65	3.70	3.75	3.80

注：当采用引气剂及较高砂率的泵送混凝土且无实测数据时，表中 C50～C80 的 E_c 值应乘以折减系数 0.95。

4.1.6 混凝土的剪切模量 G_c 可按本标准表 4.1.5 数值的 0.4 倍采用；混凝土的泊松比 ν_c 可采用 0.2；混凝土的温度线膨胀系数 α_c 可取 $1\times 10^{-5}/℃$。

4.2 钢 材

4.2.1 型钢混凝土组合构件的型钢材料可采用 Q235 钢、Q355 钢、Q390 钢、Q420 钢和 Q460 钢，其质量应分别符合现行国家标准《碳素结构钢》GB/T 700 和《低合金高强度结构钢》GB/T 1591 的规定。钢材强度设计值应按表 4.2.1 采用。

表 4.2.1 型钢材料的强度设计值 (MPa)

钢材		抗拉、抗压和抗弯 f_{ad}, f'_{ad}, f_{wd}	抗剪 f_{avd}
牌号	厚度或直径（mm）		
Q235 钢	≤16	190	110
	16～40	180	105
	40～63	170	100
Q355 钢	≤16	285	165
	16～40	275	160
	40～63	270	155

续表 4.2.1

钢材		抗拉、抗压和抗弯 f_{ad}, f'_{ad}, f_{wd}	抗剪 f_{avd}
牌号	厚度或直径 (mm)		
Q390钢	≤16	310	180
	16~40	295	170
	40~63	280	160
Q420钢	≤16	335	195
	16~40	320	185
	40~63	305	175
Q460钢	≤16	370	210
	16~40	355	205
	40~63	345	200

注：表中厚度系指计算点的钢材厚度，对轴心受拉和轴心受压构件系指截面中较厚板件的厚度。

4.2.2 型钢可采用焊接型钢和轧制型钢。当焊接型钢的钢板厚度大于或等于50mm，并承受沿板厚方向的拉力作用时，其板厚方向的截面收缩率不应小于现行国家标准《厚度方向性能钢板》GB/T 5313中规定的Z15级的允许值。

4.2.3 型钢材料的物理性能指标应按表4.2.3采用。

表4.2.3 型钢材料的物理性能指标

弹性模量 E_a (MPa)	剪切模量 G_a (MPa)	泊松比 ν_a	线膨胀系数 α_a (以每℃计)	质量密度 ρ_a (kg/m³)
2.06×10^5	7.9×10^4	0.3	1.2×10^{-5}	7850

4.2.4 焊缝的强度设计值应按现行行业标准《公路钢结构桥梁设计规范》JTG D64进行取值。

4.2.5 构件中设置的圆柱头焊钉应符合现行国家标准《电弧螺柱焊用圆柱头焊钉》GB/T 10433的规定。圆柱头焊钉的力学性能应符合表 4.2.5 的规定。

表 4.2.5 圆柱头焊钉的力学性能（MPa）

钢号	屈服强度	抗拉强度
ML15,ML15Al	≥320	≥400

4.3 普通钢筋

4.3.1 普通钢筋宜选用 HPB300、HRB400、HRB500、HRBF400、HRBF500 和 RRB400 钢筋，并应符合现行国家标准《钢筋混凝土用钢 第1部分：热轧光圆钢筋》GB 1499.1、《钢筋混凝土用钢 第2部分：带肋钢筋》GB 1499.2 或《钢筋混凝土用余热处理钢筋》GB 13014 的规定。

4.3.2 普通钢筋的抗拉强度标准值应具有不小于95%的保证率。

普通钢筋的抗拉强度标准值 f_{sk} 应按表 4.3.2 采用。

表 4.3.2 普通钢筋抗拉强度标准值

钢筋种类	符号	公称直径 d(mm)	f_{sk}(MPa)
HPB300	ф	6～22	300
HRB400	Φ		
HRBF400	Φ^F	6～50	400
RRB400	Φ^R		
2HRB500	Φ	6～50	500

4.3.3 普通钢筋的抗拉强度设计值 f_{sd} 和抗压强度设计值 f'_{sd} 应按表 4.3.3 采用。

表 4.3.3 普通钢筋抗拉、抗压强度设计值（MPa）

钢筋种类	f_{sd}	f'_{cd}
HPB300	250	250
HRB400 HRBF400 RRB400	330	330
HRB500	415	400

注:1 钢筋混凝土轴心受拉和小偏心受拉构件的钢筋抗拉强度设计值大于330MPa时,应按330MPa取用;在斜截面抗剪承载力、受扭承载力和冲切承载力计算中垂直于纵向受力钢筋的箍筋或间接钢筋等横向钢筋的抗拉强度设计值大于330MPa时,应按330MPa取用。
 2 构件中配有不同种类的钢筋时,每种钢筋应采用各自的强度设计值。

4.3.4 普通钢筋的弹性模量 E_s 应按表4.3.4采用。

表 4.3.4 普通钢筋的弹性模量(MPa)

钢筋种类	E_s
HPB300	2.1×10^5
HRB400,HRB500 HRBF400,RRB400	2.0×10^5

4.4 预应力筋

4.4.1 预应力型钢混凝土组合梁中的预应力筋应选用钢绞线、钢丝;中、小型构件或横向预应力筋,也可选用预应力螺纹钢筋。

钢绞线应满足现行国家标准《预应力混凝土用钢绞线》GB/T 5224 的要求;钢丝应满足现行国家标准《预应力混凝土用钢丝》GB/T 5223 的要求;预应力螺纹钢应满足现行国家标准《预应力混凝土用螺纹钢筋》GB/T 20065 的要求。

无粘结钢绞线应满足现行行业标准《无粘结预应力钢绞线》JG 161 的要求;成品与非成品体外索的保护应满足相关规范的要求。

4.4.2 预应力筋的抗拉强度标准值应具有不小于95%的保证率。

预应力筋的抗拉强度标准值 f_{pk} 应按表4.4.2采用。

表 4.4.2 预应力筋抗拉强度标准值(MPa)

钢筋种类		符号	公称直径 d(mm)	f_{pk}
钢绞线	1×7	ϕ^S	9.5,12.7,15.2,17.8	1720,1860,1960
			21.6	1860
消除应力钢丝	光面螺旋肋	ϕ^P	5	1570,1770,1860
			7	1570
		ϕ^H	9	1470,1570
预应力螺纹钢筋		ϕ^T	18,25,32,40,50	785,930,1080

4.4.3 体内有粘结预应力筋的抗拉强度设计值 f_{pd} 和抗压强度设计值 f'_{pd} 应按表 4.4.3 采用。

表 4.4.3 预应力筋抗拉、抗压强度设计值(MPa)

钢筋种类	f_{pk}	f_{pd}	f'_{pd}
钢绞线 1×7（七股）	1720	1170	390
	1860	1260	
	1960	1330	
消除应力钢丝	1470	1000	410
	1570	1070	
	1770	1200	
	1860	1260	
预应力螺纹钢筋	785	650	400
	930	770	
	1080	900	

4.4.4 体外无粘结预应力筋的极限应力设计值 $\sigma_{pu,d}$ 应采用预应力的极限应力 σ_{pu} 除以考虑材料性能、结构体系等因素的分项系数 γ_{pu}，γ_{pu} 可取 1.2。

4.4.5 预应力筋的弹性模量 E_p 应按表 4.4.5 采用。

表 4.4.5 预应力筋的弹性模量(MPa)

钢筋种类	E_p
钢绞线	1.95×10^5
消除应力钢丝	2.05×10^5
预应力螺纹钢筋	2.00×10^5

5 承载能力极限状态计算

5.1 一般规定

5.1.1 型钢混凝土桥梁的设计应按承载能力极限状态的要求进行验算。

5.1.2 型钢混凝土桥梁应根据现行行业标准《公路钢筋混凝土及预应力混凝土桥涵设计规范》JTG 3362 的有关规定选定设计安全等级。

5.2 抗弯承载力计算

5.2.1 型钢混凝土梁的截面抗弯承载力,按下列基本假定进行计算:

1 截面应变分布符合平截面假定。

2 不考虑混凝土的抗拉作用。

3 受压区边缘混凝土极限应变 ε_{cu} 取 0.003,相应的最大压应力取混凝土轴心抗压强度设计值 f_{cd},受压区应力图形简化为等效矩形应力图,其高度取实际受压区的 β_1 倍,矩形应力图的应力取为混凝土轴心抗压强度设计值的 α_1 倍;其值可按照现行行业标准《公路钢筋混凝土及预应力混凝土桥涵设计规范》JTG 3362 的规定取用。

4 普通钢筋和型钢应力取其应变与其弹性模量的乘积,但不大于其强度设计值。

5 预应力钢筋应力取其应变与其弹性模量的乘积,但不大于其强度设计值。

5.2.2 型钢混凝土梁受弯截面用于判断截面受力状态的相对界限受压区高度按下列公式计算：

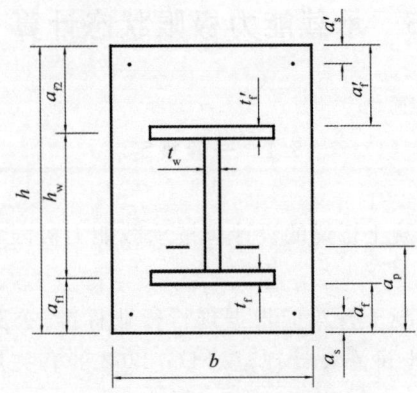

图 5.2.2 型钢混凝土梁截面尺寸

1 型钢上翼缘形心达到设计抗拉强度

$$\xi_1 = \frac{a_{f2}\beta_1}{h_0\left(1+\dfrac{f'_{ad}}{E_a\varepsilon_{cu}}\right)} \quad (5.2.2\text{-}1)$$

2 型钢上翼缘形心应力为零

$$\xi_2 = \frac{a_{f2}\beta_1}{h_0} \quad (5.2.2\text{-}2)$$

3 型钢上翼缘形心达到设计抗压强度

$$\xi_3 = \frac{a_{f2}\beta_1}{h_0\left(1-\dfrac{f'_{ad}}{E_a\varepsilon_{cu}}\right)} \quad (5.2.2\text{-}3)$$

式中：b——截面宽度；

h——截面高度；

β_1——截面受压区矩形应力图高度与实际受压区高度的比值（混凝土强度等级不超过C50时，β_1 取 0.8，混凝土强度等级为 C80 时，β_1 取 0.74，其间按线性内插法计算）；

a_f——型钢截面下翼缘板下边缘至截面近边距离；

a'_f——型钢截面上翼缘板上边缘至截面近边距离；

a_s——受拉区普通钢筋形心至受拉区截面边缘的距离；

a'_s——受压区普通钢筋形心至受压区截面边缘的距离；

a_p——受拉区预应力钢筋形心至受拉区截面边缘的距离；

h_0——截面有效高度，$h_0 = h - a_\mathrm{s}$；

t_f——型钢下翼缘板厚度；

t'_f——型钢上翼缘板厚度；

t_w——型钢腹板厚度；

$a_{\mathrm{f}1}$——型钢下翼缘形心至截面下边缘距离，$a_{\mathrm{f}1} = a_\mathrm{f} + \dfrac{t_\mathrm{f}}{2}$；

$a_{\mathrm{f}2}$——型钢上翼缘形心至截面上边缘距离，$a_{\mathrm{f}2} = a'_\mathrm{f} + \dfrac{t'_\mathrm{f}}{2}$；

h_w——型钢上翼缘形心至下翼缘形心距离；

f'_ad——型钢上翼缘材料抗拉、抗压和抗弯强度设计值；

E_a——型钢弹性模量；

ε_cu——混凝土极限压应变。

5.2.3 型钢混凝土截面相对界限受压区高度按下列公式计算：

1 预应力钢筋达到设计抗拉强度

$$\xi_{\mathrm{b}_1} = \frac{\beta_1}{1 + \dfrac{0.002}{\varepsilon_\mathrm{cu}} + \dfrac{f_\mathrm{pd} - \sigma_\mathrm{p0}}{\varepsilon_\mathrm{cu} E_\mathrm{p}}} \left(\frac{h - a_\mathrm{p}}{h_0} \right) \qquad (5.2.3\text{-}1)$$

2 受拉区普通钢筋达到设计抗拉强度

$$\xi_{\mathrm{b}_2} = \frac{\beta_1}{1 + \dfrac{f_\mathrm{sd}}{E_\mathrm{s}\varepsilon_\mathrm{cu}}} \qquad (5.2.3\text{-}2)$$

3 型钢下翼缘达到设计抗拉强度

$$\xi_{\mathrm{b}_3} = \frac{(h - a_\mathrm{f})\beta_1}{\left(1 + \dfrac{f_\mathrm{ad}}{E_\mathrm{a}\varepsilon_\mathrm{cu}}\right) h_0} \qquad (5.2.3\text{-}3)$$

$$\xi_\mathrm{b} = \min\{\xi_{\mathrm{b}_1}, \xi_{\mathrm{b}_2}, \xi_{\mathrm{b}_3}\} \qquad (5.2.3\text{-}4)$$

式中：f_{pd}——预应力钢筋抗拉强度设计值；

σ_{p0}——受拉区纵向预应力钢筋合力点处混凝土法向应力等于零时预应力钢筋的应力；

E_p——预应力钢筋弹性模量；

f_{sd}——普通钢筋抗拉强度设计值；

E_s——普通钢筋弹性模量；

f_{ad}——型钢下翼缘材料抗拉、抗压和抗弯强度设计值；

E_a——型钢弹性模量；

a_f——型钢截面下翼缘至截面下边缘距离。

5.2.4 型钢混凝土截面受弯构件，其正截面抗弯承载力计算应按下列公式计算：

1 型钢全截面达到设计抗拉强度时

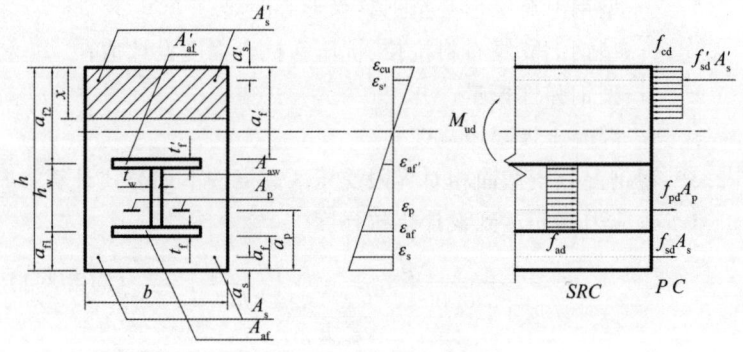

图 5.2.4-1 型钢全部受拉屈服计算模式

$$\gamma_0 M_d \leqslant M_{ud} = \alpha_1 f_{cd} bx \left(\frac{x}{\beta_1} - \frac{x}{2} \right) + f'_{sd} A'_s \left(\frac{x}{\beta_1} - a'_s \right) +$$

$$f_{sd} A_s \left(h_0 - \frac{x}{\beta_1} \right) + f_{pd} A_p \left(h - a_p - \frac{x}{\beta_1} \right) + A'_{af} f'_{ad} \left(a_{f2} - \frac{x}{\beta_1} \right) +$$

$$A_{aw} f_{wd} \left(a_{f2} + \frac{h_w}{2} - \frac{x}{\beta_1} \right) + A_{af} f_{ad} \left(a_{f2} + h_w - \frac{x}{\beta_1} \right)$$

(5.2.4-1)

混凝土受压区高度 x 应按下列公式计算：

$$\alpha_1 f_{cd}bx + f'_{sd}A'_s = f_{sd}A_s + f_{pd}A_p + A'_{af}f'_{ad} + A_{af}f_{ad} + A_{aw}f_{wd}$$
(5.2.4-2)

解得 x 应满足

$$\frac{x}{h_0} \leqslant \xi_1 \qquad (5.2.4\text{-}3)$$

2 型钢上翼缘形心受拉但未屈服

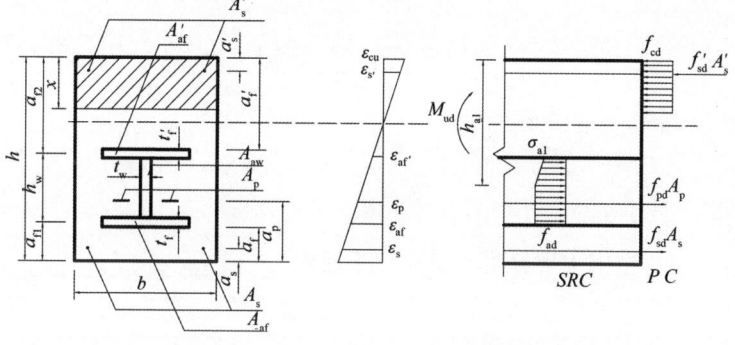

图 5.2.4-2 型钢上翼缘受拉未屈服计算模式

$$\gamma_0 M_d \leqslant M_{ud} = \alpha_1 f_{cd} bx\left(\frac{x}{\beta_1} - \frac{x}{2}\right) + f'_{sd}A'_s\left(\frac{x}{\beta_1} - a'_s\right) +$$

$$f_{sd}A_s\left(h_0 - \frac{x}{\beta_1}\right) + f_{pd}A_p\left(h - a_p - \frac{x}{\beta_1}\right) + A'_{af}\sigma_{a1}\left(a_{f2} - \frac{x}{\beta_1}\right) +$$

$$(h - a_{f1} - h_{a1})t_w f_{wd}\left(\frac{h - a_{f1} - h_{a1}}{2} + h_{a1} - \frac{x}{\beta_1}\right) +$$

$$A_{af}f_{ad}\left(a_{f2} + h_w - \frac{x}{\beta_1}\right)$$

(5.2.4-4)

混凝土受压区高度 x 按下列公式计算：

$$\alpha_1 f_{cd}bx + f'_{sd}A'_s = \sigma_{a1}A'_{af} + \left[f_{ad}h_w - \frac{(h_{a1}-a_{f2})(f_{ad}-\sigma_{a1})}{2}\right]t_w + A_{af}f_{ad} + f_{pd}A_p + f_{sd}A_s$$

(5.2.4-5)

$$\sigma_{a1} = E_a\varepsilon_{cu}\left(\frac{\beta_1 a_{f2}}{x} - 1\right) \quad (5.2.4\text{-}6)$$

$$h_{a1} = \frac{x}{\beta_1}\left(\frac{f_{wd}}{E_a\varepsilon_{cu}} + 1\right) \quad (5.2.4\text{-}7)$$

解得 x 应满足

$$\xi_1 \leqslant \frac{x}{h_0} \leqslant \xi_2 \quad (5.2.4\text{-}8)$$

3 型钢上翼缘形心受压但未屈服

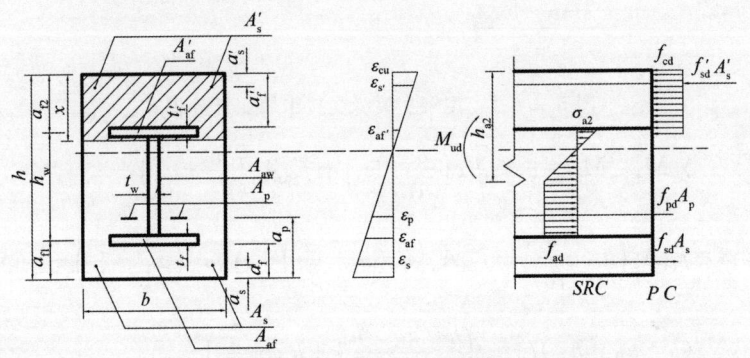

图 5.2.4-3 型钢上翼缘受压未屈服计算模式

$$\gamma_0 M_d \leqslant M_{ud} = \alpha_1 f_{cd} b x \left(\frac{x}{\beta_1} - \frac{x}{2}\right) + f'_{sd} A'_s \left(\frac{x}{\beta_1} - a'_s\right) +$$

$$f_{sd} A_s \left(h_0 - \frac{x}{\beta_1}\right) + f_{pd} A_p \left(h - a_p - \frac{x}{\beta_1}\right) + A'_{af} \sigma_{a2} \left(\frac{x}{\beta_1} - a_{f2}\right) +$$

$$(h - a_{f1} - a_{a2}) t_w f_{wd} \left(\frac{h - a_{f1} - h_{a2}}{2} + h_{a2} - \frac{x}{\beta_1}\right) +$$

$$A_{af} f_{ad} \left(a_{f2} + h_w - \frac{x}{\beta_1}\right)$$

(5.2.4-9)

混凝土受压区高度 x 按下列公式计算:

$$\alpha_1 f_{cd} b x + A'_s f'_{sd} + A'_{af} \sigma_{a2} =$$

$$\left\{ f_{wd} \left[h_w - 2\left(\frac{x}{\beta_1} - a_{f2}\right)\right] - \left[h_{a2} - 2\left(\frac{x}{\beta_1} - a_{f2}\right) - a_{f2}\right] \frac{(f_{wd} - \sigma_{a2})}{2} \right\} t_w +$$

$$A_{af} f_{ad} + f_{pd} A_p + f_{sd} A_s \quad (5.2.4-10)$$

$$\sigma_{a2} = E_a \varepsilon_{cu} \left(1 - \frac{\beta_1 a_{f2}}{x}\right) \quad (5.2.4-11)$$

$$h_{a2} = \frac{x}{\beta_1} \left(1 + \frac{f_{wd}}{E_a \varepsilon_{cu}}\right) \quad (5.2.4-12)$$

解得 x 应满足

$$\xi_2 \leqslant \frac{x}{h_0} \leqslant \xi_3 \quad (5.2.4-13)$$

4 型钢上翼缘受压屈服

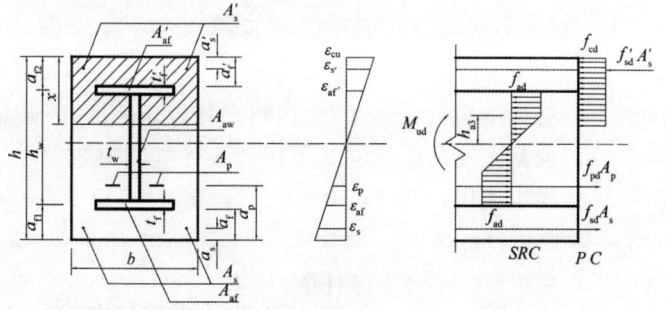

图 5.2.4-4 型钢上翼缘受压屈服计算模式

$$\gamma_0 M_d \leqslant M_{ud} = \alpha_1 f_{cd} bx\left(\frac{x}{\beta_1} - \frac{x}{2}\right) + A'_s f'_{sd}\left(\frac{x}{\beta_1} - a'_s\right) +$$

$$A'_{af} f'_{ad}\left(\frac{x}{\beta_1} - a_{f2}\right) + A_s f_{sd}\left(h_0 - \frac{x}{\beta_1}\right) + A_p f_{pd}\left(h - a_p - \frac{x}{\beta_1}\right) +$$

$$A_{af} f_{ad}\left(h - a_{f1} - \frac{x}{\beta_1}\right) + \left[\frac{\frac{x}{\beta_1} - a_{f2} - h_{a3}}{2} + h_{a3}\right]\left(\frac{x}{\beta_1} - a_{f2} - h_{a3}\right) f_{wd} t_w +$$

$$\left[\frac{h - a_{f1} - \frac{x}{\beta_1} - h_{a3}}{2} + h_{a3}\right]\left(h - a_{f1} - \frac{x}{\beta_1} - h_{a3}\right) f_{wd} t_w \quad (5.2.4\text{-}14)$$

混凝土受压区高度 x 按下列公式计算：

$$\alpha_1 f_{cd} bx + A'_s f'_{sd} + A'_{af} f'_{ad} = A_s f_{sd} + A_p f_{pd} + A_{af} f_{ad} +$$

$$\left[h_w - 2\left(\frac{x}{\beta_1} - a_{f2}\right)\right] f_{wd} t_w \quad (5.2.4\text{-}15)$$

$$h_{a3} = \frac{f_{wd} x}{E_a \varepsilon_{cu} \beta_1} \quad (5.2.4\text{-}16)$$

解得受压区高度 x 应符合

$$\frac{x}{h_0} \geqslant \xi_3 \quad (5.2.4\text{-}17)$$

且受压区高度还应符合

$$x \leqslant \xi_b h_0 \quad (5.2.4\text{-}18)$$

当受压区配有纵向普通钢筋时，还应符合

$$x \geqslant 2a'_s \quad (5.2.4\text{-}19)$$

式中：γ_0——桥梁结构重要性系数，按照现行行业标准《公路钢筋混凝土及预应力混凝土桥涵设计规范》JTG 3362 的规定取用；

M_d——弯矩设计值；

M_{ud}——抗弯极限承载力设计值；

α_1——矩形应力图的应力与混凝土轴心抗压强度的比值（当混

凝土强度等级不超过 C50 时，α_1 取为 1.0，当混凝土强度等级为 C80 时，α_1 取为 0.94，期间按线形内插法确定）；

A_s——受拉区纵向普通钢筋的截面面积；

A'_s——受压区纵向普通钢筋的截面面积；

A_p——受拉区纵向预应力钢筋的截面面积；

A'_{af}——型钢截面上翼缘面积；

A_{af}——型钢截面下翼缘面积；

A_{aw}——型钢截面腹板面积；

f_{cd}——混凝土轴心抗压强度设计值；

f'_{sd}——普通钢筋抗压强度设计值；

f_{pd}——预应力钢筋抗拉强度设计值；

f_{wd}——型钢腹板材料抗拉、抗压和抗弯强度设计值；

h_w——型钢上翼缘形心至下翼缘形心的距离；

x——按等效矩形应力图的计算混凝土受压区高度；

σ_{a1}——腹板顶部拉应力，其值应小于 f'_{ad}；

h_{a1}——型钢上翼缘形心受拉但未屈服时，腹板临界屈服纤维距截面上缘的距离；

σ_{a2}——腹板顶部压应力，其值应小于 f'_{ad}；

h_{a2}——型钢上翼缘形心受压但未屈服时，腹板临界屈服纤维距截面上缘的距离；

h_{a3}——截面中和轴距型钢腹板临界屈服纤维的距离。

5.3 轴心受力承载力计算

5.3.1 型钢混凝土轴心受拉构件的正截面抗拉承载力按下列公式计算：

$$\gamma_0 N_d \leqslant N_{ud} = f_{sd}A_s + f_{pd}A_p + f'_{ad}A'_{af} + f_{ad}A_{af} + f_{wd}A_{aw}$$

(5.3.1)

式中：N_d——轴向力设计值；

N_{ud}——轴心受拉极限承载力设计值。

5.3.2 型钢混凝土轴心受压构件的正截面抗压承载力按下列公式计算：

$$\gamma_0 N_d \leqslant 0.90\varphi(f_{cd}A_c + f'_{sd}A'_s + A'_{af}f'_{ad} + A_{af}f_{ad} + A_{aw}f_{wd}) \quad (5.3.2)$$

式中：φ——轴压构件稳定系数，按现行行业标准《公路钢筋混凝土及预应力混凝土桥涵设计规范》JTG 3362的规定采用；

A_c——混凝土净截面积。

5.4 抗拉弯、压弯承载力计算

5.4.1 型钢混凝土构件其正截面偏心受力承载力计算的基本假定符合本标准第5.2.1条的规定。

5.4.2 型钢混凝土压弯构件截面相对受压区高度 ξ_b 按下列公式计算：

$$\xi_b = \frac{(h-a_f)\beta_1}{\left(1+\dfrac{f_{ad}}{E_a\varepsilon_{cu}}\right)h_0} \quad (5.4.2)$$

当 $\xi \leqslant \xi_b$ 时，为大偏心受压构件；当 $\xi > \xi_b$ 时，为小偏心受压构件。

5.4.3 型钢混凝土截面大偏心受压构件正截面抗压承载力按下列公式计算：

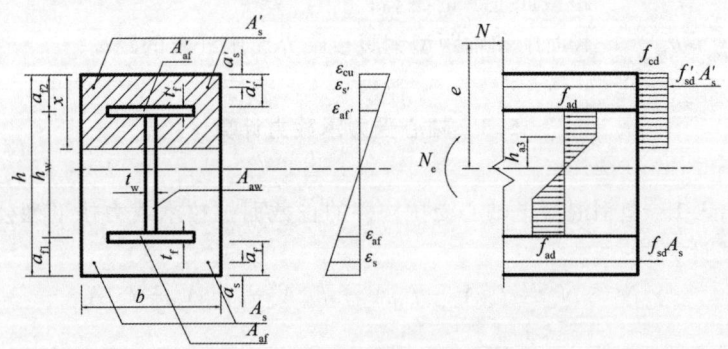

图5.4.3 大偏心受压计算模式

$$\gamma_0 N_d \leqslant \alpha_1 f_{cd} bx + A'_s f'_{sd} + A'_{af} f'_{ad} - A_s f_{sd} - A_{af} f_{ad} -$$
$$\left[h_w - 2\left(\frac{x}{\beta_1} - a_{f2}\right)\right] f_{wd} t_w \qquad (5.4.3-1)$$

$$\gamma_0 N_d e \leqslant \alpha_1 f_{cd} bx\left(\frac{x}{\beta_1} - \frac{x}{2}\right) + A'_s f'_{sd}\left(\frac{x}{\beta_1} - a'_s\right) + A'_{af} f'_{ad}\left(\frac{x}{\beta_1} - a_{f2}\right) +$$
$$A_s f_{sd}\left(h_0 - \frac{x}{\beta_1}\right) + A_{af} f_{ad}\left(h - a_{f1} - \frac{x}{\beta_1}\right) +$$
$$\left[\frac{\frac{x}{\beta_1} - a_{f2} - h_{a3}}{2} + h_{a3}\right]\left(\frac{x}{\beta_1} - a_{f2} - h_{a3}\right) f_{wd} t_w +$$
$$\left[\frac{h - a_{f1} - \frac{x}{\beta_1} - h_{a3}}{2} + h_{a3}\right]\left(h - a_{f1} - \frac{x}{\beta_1} - h_{a3}\right) f_{wd} t_w \qquad (5.4.3-2)$$

混凝土受压区高度 x 按下列公式计算：

$$\alpha_1 f_{cd} bx\left(e - \frac{x}{\beta_1} + \frac{x}{2}\right) + f'_{sd} A'_s\left(e - \frac{x}{\beta_1} + a'_s\right) + f'_{ad} A'_{af}\left(e - \frac{x}{\beta_1} + a_{f2}\right) +$$
$$f_{wd}\left(\frac{x}{\beta_1} - a_{f2} - h_{a3}\right)\left[\frac{2e - \frac{x}{\beta_1} + a_{f2} - h_{a3}}{2}\right] t_w - f_{sd} A_s\left(e - \frac{x}{\beta_1} + h_0\right) -$$
$$f_{wd}\left[\frac{2e - \frac{x}{\beta_1} + h - a_{f1} + h_{a3}}{2}\right]\left(h - a_{f1} - \frac{x}{\beta_1} - h_{a3}\right) t_w = 0 \qquad (5.4.3-3)$$

$$e = \eta e_0 + e_a \qquad (5.4.3-4)$$

式中：e——初始偏心距；

e_0——轴向力对截面重心轴的偏心距，$e_0 = M/N$，其中 M 和 N 为截面实际承受的弯矩和轴力；

e_a——附加偏心距，取 20mm 和偏心方向截面最大尺寸的 1/30 两种中的较大值；

h_{a3}——截面中和轴距型钢腹板临界屈服纤维的距离,按本标准式(5.2.4-16)计算;

η——偏心距增大系数,按现行行业标准《公路钢筋混凝土及预应力混凝土桥涵设计规范》JTG 3362 的规定采用。

5.4.4 型钢混凝土截面小偏心受压构件正截面抗压承载力按下列公式计算:

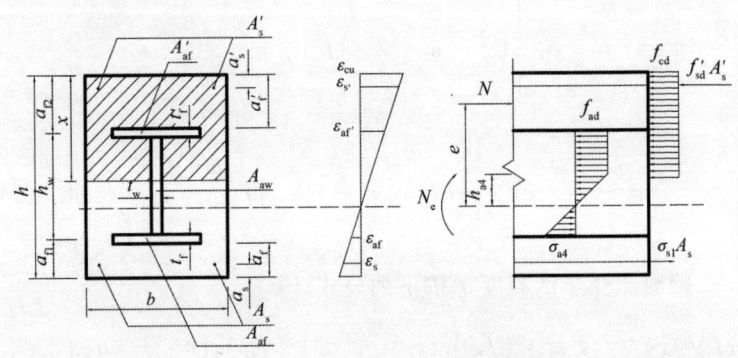

图 5.4.4 小偏心受压计算模式

$$\gamma_0 N_d \leqslant \alpha_1 f_{cd}bx + f'_{sd}A'_s + f'_{ad}A'_{af} + \left(\frac{x}{\beta_1} - h_{a4} - a_{f2}\right)f_{wd}t_w - \sigma_{a4}A_{af} - \sigma_{s1}A_s \tag{5.4.4-1}$$

$$\gamma_0 N_d e \leqslant \alpha_1 f_{cd}bx\left(\frac{x}{\beta_1} - \frac{x}{2}\right) + f'_{sd}A'_s\left(\frac{x}{\beta_1} - a'_s\right) + f'_{ad}A'_{af}\left(\frac{x}{\beta_1} - a_{f2}\right) +$$

$$f_{wd}t_w\left(\frac{x}{\beta_1} - h_{a4} - a_{f2}\right)\left(\frac{\frac{x}{\beta_1} - h_{a4} - a_{f2}}{2} + h_{a4}\right) -$$

$$\sigma_{a4}A_{af}\left|h - a_{f1} - \frac{x}{\beta_1}\right| - \sigma_{s1}A_s\left|h - a_s - \frac{x}{\beta_1}\right| \tag{5.4.4-2}$$

混凝土受压区高度 x 按下列公式计算:

$$\alpha_1 f_{cd}bx\left(\frac{x}{\beta_1} - e - \frac{x}{2}\right) + f'_{sd}A'_s\left(\frac{x}{\beta_1} - e - a'_s\right) +$$

$$\sigma_{a4}A_{af}\left(h-a_{f1}+\frac{x}{\beta_1}+e\right)+\sigma_{s1}A_s\left(h-a_s-\frac{x}{\beta_1}+e\right)-$$

$$f'_{ad}A'_{af}\left(a_{f2}-\frac{x}{\beta_1}+e\right)-f_{wd}t_w\left(\frac{x}{\beta_1}-h_{a4}-a_{f2}\right)\left(\frac{a_{f2}}{2}-\frac{x}{2\beta_1}+e-\frac{h_{a4}}{2}\right)=0$$

(5.4.4-3)

其中,

$$h_{a4}=\frac{xf_{wd}}{\beta_1 E_a\varepsilon_{cu}} \quad (5.4.4-4)$$

$$\sigma_{a4}=E_a\varepsilon_{cu}\left[\frac{\beta_1(h-a_{f1})}{x}-1\right] \quad (5.4.4-5)$$

$$\sigma_{s1}=E_s\varepsilon_{cu}\left[\frac{\beta_1(h-a_s)}{x}-1\right] \quad (5.4.4-6)$$

式中:h_{a4}——截面中和轴距型钢受压区临界屈服纤维的距离(当$h_{a4}\leqslant a_{f1}$,说明型钢已全截面屈服,可按轴心受压构件计算);

σ_{a4}——型钢腹板底部应力(当计算为正,则与图示中方向一致;为负,则方向相反);

σ_{s1}——受拉区普通纵向钢筋应力(当计算为正,则与图示中方向一致;为负,则方向相反)。

5.4.5 型钢混凝土截面大偏心受拉构件正截面抗拉承载力的计算与正截面抗弯承载力计算类似,按下列公式计算:

1 型钢全截面达到设计抗拉强度时

$$\gamma_0 N_d e\leqslant \alpha_1 f_{cd}bx\left(\frac{x}{\beta_1}-\frac{x}{2}\right)+f'_{sd}A'_s\left(\frac{x}{\beta_1}-a'_s\right)+f_{sd}A_s\left(h_0-\frac{x}{\beta_1}\right)+$$

$$f_{pd}A_p\left(h-a_p-\frac{x}{\beta_1}\right)+A'_{af}f'_{ad}\left(a_{f2}-\frac{x}{\beta_1}\right)+$$

$$A_{aw}f_{wd}\left(a_{f2}+\frac{h_w}{2}-\frac{x}{\beta_1}\right)+A_{af}f_{ad}\left(a_{f2}+h_w-\frac{x}{\beta_1}\right) \quad (5.4.5-1)$$

$$\gamma_0 N_d\leqslant \alpha_1 f_{cd}bx+f'_{sd}A'_s-f_{sd}A_s-f_{pd}A_p-A'_{af}f'_{ad}-A_{af}A_{ad}-A_{aw}f_{wd}$$

(5.4.5-2)

x 应满足

$$\frac{x}{h_0} \leqslant \xi_1 \qquad (5.4.5-3)$$

2 型钢上翼缘形心受拉但未达到设计抗拉强度

$$\gamma_0 N_d e \leqslant \alpha_1 f_{cd} bx \left(\frac{x}{\beta_1} - \frac{x}{2}\right) + f'_{sd} A'_s \left(\frac{x}{\beta_1} - a'_s\right) + f_{sd} A_s \left(h_0 - \frac{x}{\beta_1}\right) +$$

$$f_{pd} A_p \left(h - a_p - \frac{x}{\beta_1}\right) + A'_{af} \sigma_{a1} \left(a_{f2} - \frac{x}{\beta_1}\right) +$$

$$(h - a_{f1} - h_{a1}) t_w f_{wd} \left(\frac{h - a_{f1} - h_{a1}}{2} + h_{a1} - \frac{x}{\beta_1}\right) +$$

$$A_{af} f_{ad} \left(a_{f2} + h_w - \frac{x}{\beta_1}\right) \qquad (5.4.5-4)$$

$$\gamma_0 N_d \leqslant \alpha_1 f_{cd} bx + A'_s f'_{sd} - \sigma_{a1} A'_{af} -$$

$$\left[f_{ad} h_w - \frac{(h_{a1} - a_{f2})(f_{ad} - \sigma_{a1})}{2}\right] t_w - A_{af} f_{ad} - f_{pd} A_p - f_{sd} A_s$$

$$(5.4.5-5)$$

x 应满足

$$\xi_1 \leqslant \frac{x}{h_0} \leqslant \xi_2 \qquad (5.4.5-6)$$

3 型钢上翼缘形心受压但未屈服

$$\gamma_0 N_d e \leqslant \alpha_1 f_{cd} bx \left(\frac{x}{\beta_1} - \frac{x}{2}\right) + f'_{sd} A'_s \left(\frac{x}{\beta_1} - a'_s\right) + f_{sd} A_s \left(h_0 - \frac{x}{\beta_1}\right) +$$

$$f_{pd} A_p \left(h - a_p - \frac{x}{\beta_1}\right) + A'_{af} \sigma_{a2} \left(\frac{x}{\beta_1} - a_{f2}\right) +$$

$$(h - a_{f1} - h_{a2}) t_w f_{wd} \left(\frac{h - a_{f1} - h_{a2}}{2} + h_{a2} - \frac{x}{\beta_1}\right) +$$

$$A_{af} f_{ad} \left(a_{f2} + h_w - \frac{x}{\beta_1}\right) \qquad (5.4.5-7)$$

$$\gamma_0 N_d \leqslant \alpha_1 f_{cd} bx + A'_s f'_{sd} + A'_{af} \sigma_{a2} -$$

$$\left\{f_{wd}\left[h_w - 2\left(\frac{x}{\beta_1} - a_{f2}\right)\right] - \left[h_{a2} - 2\left(\frac{x}{\beta_1} - a_{f2}\right) - a_{f2}\right]\frac{(f_{wd} - \sigma_{a2})}{2}\right\} f_w -$$

$$A_{af} f_{ad} - f_{pd} A_p - f_{sd} A_s$$

$$(5.4.5-8)$$

x 应满足

$$\xi_2 \leqslant \frac{x}{h_0} \leqslant \xi_3 \quad (5.4.5\text{-}9)$$

4 型钢上翼缘受压屈服

$$\gamma_0 N_d e \leqslant \alpha_1 f_{cd} bx\left(\frac{x}{\beta_1} - \frac{x}{2}\right) + A'_s f'_{sd}\left(\frac{x}{\beta_1} - a'_s\right) + A'_{af} f'_{ad}\left(\frac{x}{\beta_1} - a_{f2}\right) +$$

$$A_s f_{sd}\left(h_0 - \frac{x}{\beta_1}\right) + A_p f_{pd}\left(h - a_p - \frac{x}{\beta_1}\right) + A_{af} f_{ad}\left(h - a_{f1} - \frac{x}{\beta_1}\right) +$$

$$\left[\frac{\frac{x}{\beta_1} - a_{f2} - h_{a3}}{2} + h_{a3}\right]\left(\frac{x}{\beta_1} - a_{f2} - h_{a3}\right) f_{wd} t_w +$$

$$\left[\frac{h - a_{f1} - \frac{x}{\beta_1} - h_{a3}}{2} + h_{a3}\right]\left(h - a_{f1} - \frac{x}{\beta_1} + h_{a3}\right) f_{wd} t_w \quad (5.4.5\text{-}10)$$

混凝土受压区高度 x 按下列公式计算：

$$\gamma_0 N_d \leqslant \alpha_1 f_{cd} bx + A'_s f'_{sd} + A'_{af} f'_{ad} - A_s f_{sd} - A_p f_{pd} -$$

$$A_{af} f_{ad} - \left[h_w - 2\left(\frac{x}{\beta_1} - a_{f2}\right)\right] f_{wd} t_w \quad (5.4.5\text{-}11)$$

x 应符合

$$\frac{x}{h_0} \geqslant \xi_3 \quad (5.4.5\text{-}12)$$

此时，其中的 σ_{a1}，h_{a1}，σ_{a2}，h_{a2}，h_{a3} 按本标准第5.2.4条相关公式计算；截面受压区高度应符合本标准公式(5.2.4-18)和公式(5.2.4-19)的要求。

5.4.6 型钢混凝土截面小偏心受拉构件正截面抗拉承载力按下列公式计算：

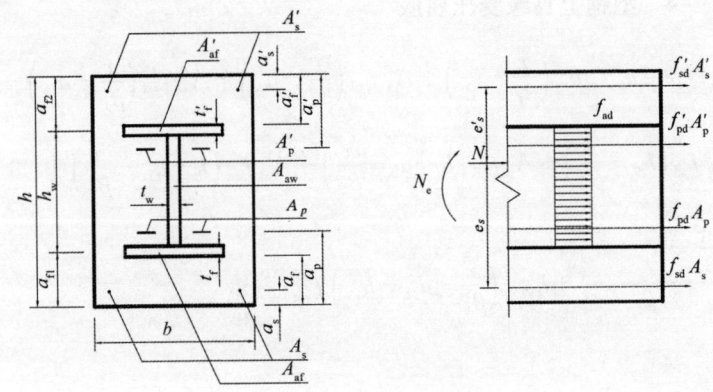

图 5.4.6 小偏心受拉正截面抗拉计算模式

$$\gamma_0 N_d e_s \leqslant f'_{sd} A'_s (h_0 - a'_s) + f'_{ad} A'_{af} (h_0 - a_{f2}) + f'_{pd} A'_p (h_0 - a'_p) +$$
$$f_{wd} A_{aw} \left(h_0 - a_{f2} - \frac{h_w}{2} \right) + f_{pd} A_p (a_p - a_s) + f_{ad} A_{af} (a_{f1} - a_s)$$

(5.4.6-1)

$$\gamma_0 N_d e'_s \leqslant f'_{sd} A_s (h'_0 - a_s) + f_{ad} A_{af} (h'_0 - a_{f1}) + f_{pd} A_p (h'_0 - a_p) +$$
$$f_{wd} A_{aw} \left(h'_0 - a_{f1} - \frac{h_w}{2} \right) + f'_{pd} A'_p (a'_p - a'_s) + f'_{ad} A'_{af} (a_{f2} - a'_s)$$

(5.4.6-2)

式中：e_s——轴向力作用位置距离受拉侧普通纵向钢筋形心距离；

e'_s——轴向力作用位置距离受压侧普通纵向钢筋形心距离；

h'_0——受压侧有效高度，$h'_0 = h - a'_s$。

5.5 抗剪承载力计算

5.5.1 型钢混凝土斜截面抗剪承载力计算，按下列公式计算：

$$\gamma_0 V_d \leqslant V_c + V_{sv} + V_a + V_p \quad (5.5.1-1)$$

在均布荷载作用下

$$V_c = 0.08 f_{cd} b h_0 \qquad (5.5.1-2)$$

$$V_{sv} = 1.25 f_{sv} \frac{A_{sv}}{s} h_0 \qquad (5.5.1-3)$$

$$V_a = 0.58 f_{wd} t_w h_w \qquad (5.5.1-4)$$

$$V_p = 0.05 N_{p0} \qquad (5.5.1-5)$$

在集中荷载作用下

$$V_c = \frac{0.2}{\lambda + 1.5} f_{cd} b h_0 \qquad (5.5.1-6)$$

$$V_{sv} = 1.25 f_{sv} \frac{A_{sv}}{s} h_0 \qquad (5.5.1-7)$$

$$V_a = \frac{0.58}{\lambda} f_{wd} t_w h_w \qquad (5.5.1-8)$$

$$V_p = 0.05 N_{p0} \qquad (5.5.1-9)$$

其中，$N_{p0} = \sigma_{p0} A_p$ 且 $N_{p0} \leqslant 0.3 f_{cd} b h_0$，当 $N_{p0} > 0.3 f_{cd} b h_0$ 时，取 $0.3 f_{cd} b h_0$。

式中：V_d——剪力设计值，按斜截面剪压区对应正截面处取值；

V_b——梁的抗剪承载能力设计值；

V_c——混凝土部分抗剪承载能力；

V_{sv}——箍筋部分抗剪承载能力；

V_a——型钢部分抗剪承载能力；

V_p——由预应力而提高的截面抗剪承载力；

N_{p0}——计算截面上混凝土法向应力等于零时，预应力钢筋及普通钢筋的合力；

f_{sv}——箍筋抗拉强度设计值；

A_{sv}——同一截面内箍筋各肢的总截面总面积；

s——沿构件长度方向上箍筋间距；

λ——剪跨比，当 $\lambda < 1.4$ 时取 $\lambda = 1.4$，当 $\lambda > 3$ 时取 $\lambda = 3$。

5.5.2 型钢混凝土梁受剪截面应符合下列规定：

$$V_{ud} \leqslant 0.45 \beta_c f_{cd} b h_0 \qquad (5.5.2-1)$$

$$f_{wd}t_w h_w \geqslant 0.10\beta_c f_{cd}bh_0 \quad (5.5.2\text{-}2)$$

式中:β_c——混凝土强度影响系数。当混凝土强度等级不超过 C50 时,取 1.0;当混凝土强度等级为 C80 时,取 0.8;期间按线形内插法确定。

6 正常使用极限状态验算

6.1 一般规定

6.1.1 型钢混凝土桥梁按持久状况设计时,应按正常使用极限状态的要求,对构件的抗裂、裂缝宽度和挠度进行验算,确保不超过规定的限值。

6.1.2 体内预应力束的张拉控制应力及预应力损失,应按现行行业标准《公路钢筋混凝土及预应力混凝土桥涵设计规范》JTG 3362 的规定计算。

6.1.3 预应力型钢混凝土构件可根据桥梁使用和所处环境的要求,进行下列构件设计:

1 全预应力混凝土构件。此类构件在作用频遇组合下控制的正截面受拉边缘不允许出现拉应力。

2 部分预应力混凝土构件。此类构件在作用频遇组合下控制的正截面受拉边缘可出现拉应力:当拉应力不超过规定限值时,为 A 类预应力混凝土构件;当拉应力超过规定限值时,为 B 类预应力混凝土构件。

6.2 抗裂验算

6.2.1 对于不允许开裂的型钢混凝土梁,应进行正截面和斜截面的抗裂验算。

6.2.2 型钢混凝土梁正截面混凝土拉应力验算,应符合下列要求:

1 全预应力构件,在作用(或荷载)频遇组合下,正截面抗裂

要求为
预制构件

$$\sigma_t - 0.85\sigma_{pc} \leq 0 \quad (6.2.2-1)$$

分段浇筑或砂浆接缝的纵向分块构件

$$\sigma_t - 0.80\sigma_{pc} \leq 0 \quad (6.2.2-2)$$

2 A类预应力构件,在作用(或荷载)频遇组合下,正截面抗裂要求为

$$\sigma_t - \sigma_{pc} \leq 0.7 f_{tk} \quad (6.2.2-3)$$

在作用(或荷载)准永久组合下,正截面抗裂要求为

$$\sigma_t - \sigma_{pc} \leq 0 \quad (6.2.2-4)$$

式中:σ_t——由作用频遇或准永久组合下的截面边缘拉应力;

σ_{pc}——由预应力在截面边缘产生的压应力;

f_{tk}——混凝土的抗拉强度标准值。

6.2.3 型钢混凝土梁斜截面混凝土主拉应力验算,应符合下列要求:

1 全预应力构件,在作用(或荷载)频遇组合下,斜截面抗裂要求为
预制构件

$$\sigma_{tp} \leq 0.6 f_{tk} \quad (6.2.3-1)$$

现场浇筑(包括预制拼装)构件

$$\sigma_{tp} \leq 0.4 f_{tk} \quad (6.2.3-2)$$

2 A类预应力构件,在作用(或荷载)频遇组合下,斜截面抗裂要求为
预制构件

$$\sigma_{tp} \leq 0.7 f_{tk} \quad (6.2.3-3)$$

现场浇筑(包括预制拼装)构件

$$\sigma_{tp} \leq 0.5 f_{tk} \quad (6.2.3-4)$$

式中:σ_{tp}——由作用频遇组合和预加力产生的混凝土主拉应力,按现行行业标准《公路钢筋混凝土及预应力混凝土

桥涵设计规范》JTG 3362 的规定计算。

6.3 裂缝宽度验算

6.3.1 型钢混凝土梁应验算裂缝宽度,最大裂缝宽度应按荷载的频遇组合并考虑长期效应组合的影响进行计算,裂缝宽度应满足本标准第 9.2 节的要求。

6.3.2 普通型钢混凝土梁,其平均裂缝间距可按下列公式计算:

$$l_{cr} = 1.9c + 0.08 \frac{d_e}{\rho_{te}} \quad (6.3.2\text{-}1)$$

$$d_e = \frac{4(A_s + A_p + A_{a1})}{u} \quad (6.3.2\text{-}2)$$

$$u = \pi \sum n_i v_i d_{si} + \pi \sum n_i v_i d_{pi} + 0.315 u_{a1} \quad (6.3.2\text{-}3)$$

$$\rho_{te} = \frac{A_s + A_p + A_{a1}}{0.5bh} \quad (6.3.2\text{-}4)$$

式中:l_{cr}——平均裂缝间距;

c——混凝土保护层厚度;

d_e——受拉区钢材的等效钢筋直径;

u——考虑粘结特性的受拉纵向钢筋和型钢周长之和;

n_i——第 i 种纵向钢筋根数;

v_i——第 i 种纵向钢筋的相对粘结特性系数,按表 6.3.2 采用;

A_{a1}——实际处于受压区的型钢面积;

ρ_{te}——按有效受拉混凝土截面面积计算的纵向受拉钢筋配筋率;

u_{a1}——实际中和轴以下部分型钢周长。

表 6.3.2 钢筋的相对粘结特性系数

钢筋类别	普通钢筋		先张法预应力筋			后张法预应力筋		
	光圆钢筋	带肋钢筋	带肋钢筋	螺旋肋钢丝	钢绞线	带肋钢筋	钢绞线	光面钢丝
v_i	0.7	1.0	1.0	0.8	0.6	0.8	0.5	0.4

6.3.3 配有预应力钢筋的型钢混凝土矩形截面梁,其最大裂缝宽度可按下列公式计算:

$$w_{max} = 2.1\psi \frac{\sigma_{sk}}{E_s} l_{cr} \quad (6.3.3-1)$$

$$\sigma_{sk} = \frac{N_{p0}(e_s - z)}{(A_s + A_p + A_{a1})z} \quad (6.3.3-2)$$

$$e_s = \eta_s e_0 + y_s \quad (6.3.3-3)$$

$$z = \left[0.87 - 0.12\left(\frac{h_0}{e_s}\right)^2\right]h_0 \quad (6.3.3-4)$$

$$e_0 = \frac{M_q - N_{p0}e_1}{N_{p0}} \quad (6.3.3-5)$$

$$\eta_s = 1 + \frac{l}{4000e_0/h_0}\left(\frac{l_0}{h}\right)^2 \quad (6.3.3-6)$$

$$\psi = 1.1(1 - M_c/M_s) \quad (6.3.3-7)$$

$$M_c = 0.235 bh^2 f_{tk} \quad (6.3.3-8)$$

式中:w_{max}——最大裂缝宽度;

ψ——考虑型钢翼缘作用的钢筋应变不均匀系数(当 $\psi <$ 0.4 时,取 $\psi = 0.4$;当 $\psi > 1.0$ 时,取 $\psi = 1.0$);

σ_{sk}——使用阶段钢筋应力值;

e_1——预应力筋形心至截面形心的距离;

l_0——受压构件的计算长度;

y_s——截面重心至受拉钢筋受力点的距离;

η_s——使用阶段的轴向压力偏心距增大系数,当 $l_0/h \leqslant 14$ 时,取 $\eta_s = 1.0$;

M_c——混凝土截面抗裂弯矩；

M_q——按荷载标准组合计算的弯矩值；

M_s——按荷载频遇组合计算的弯矩值。

6.4 挠度验算

6.4.1 型钢混凝土梁在正常使用极限状态下的挠度，可根据构件的刚度用结构力学的方法计算。

6.4.2 型钢混凝土受弯构件的短期刚度可按下列公式计算：

1 普通型钢混凝土构件

$$B_s = \left(0.22 + 3.75 \frac{E_s}{E_c} \rho_s\right) E_c I_c + E_a I_a \quad (6.4.2\text{-}1)$$

2 预应力型钢混凝土构件

1）全预应力混凝土和 A 类预应力混凝土构件

$$B_s = 0.95 E_c I_0 \quad (6.4.2\text{-}2)$$

2）允许开裂的 B 类预应力混凝土构件

在消压弯矩 M_0 作用下

$$B_0 = 0.95 E_c I_0 \quad (6.4.2\text{-}3)$$

在 $(M-M_0)$ 作用下

$$B_{src} = \left(0.22 + 3.75 \frac{E_s}{E_c} \rho_s\right) E_c I_c + E_a I_a \quad (6.4.2\text{-}4)$$

其刚度为

$$B_s = \frac{B_0}{\left(\dfrac{M_0}{M}\right) + \left[\left(1 - \dfrac{M_0}{M}\right)\right]\dfrac{B_0}{B_{src}}} \quad (6.4.2\text{-}5)$$

式中：B_s——型钢混凝土梁按荷载频遇组合作用下的短期刚度；

B_0——未开裂的型钢混凝土梁按荷载频遇组合作用下的短期刚度；

B_{src}——普通型钢混凝土梁按荷载频遇组合作用下的短期刚度；

E_c——混凝土弹性模量；
I_0——全截面换算截面惯性矩；
M_0——截面消压弯矩；
ρ_s——纵向受拉钢筋配筋率；$\rho_s = A_s/bh_0$。

6.4.3 型钢混凝土受弯构件应考虑荷载长期效应的影响，可按现行行业标准《公路钢筋混凝土及预应力混凝土桥涵设计规范》JTG 3362 的规定计算频遇组合挠度值并乘以挠度长期增长系数 η_θ。

6.4.4 型钢混凝土和预应力型钢混凝土受弯构件计算的长期挠度值，由汽车荷载（不计冲击力）和人群荷载频遇组合在梁式桥主梁产生的最大挠度不应超过计算跨径的 1/600；梁式桥主梁的悬臂端产生的最大挠度不应超过悬臂长度的 1/300。

7 结合与连接设计

7.1 一般规定

7.1.1 型钢混凝土组合桥梁的结合与连接可分为截面的结合和构件的连接。截面的结合与构件的连接应满足承载能力极限状态及正常使用极限状态的受力要求。

7.1.2 实腹式型钢与外包混凝土的结合,当外包混凝土对型钢具有可靠约束时,可考虑混凝土与型钢截面之间的粘结力。受力较大的部位应设置抗剪连接件。

7.1.3 型钢混凝土组合桥梁结合与连接设计应综合考虑传力直接、安全耐久、施工方便等因素,选择合理型式,保证结构与构件连接过渡平稳可靠。

7.2 抗剪连接件

7.2.1 型钢混凝土组合桥梁截面结合的抗剪连接件可采用翼缘板设圆柱头焊钉、型钢腹板开孔,见图 7.2.1,当有可靠依据时,也可采用其他型式。

7.2.2 型钢混凝土组合桥梁结合的抗剪连接采用型钢腹板开孔的连接方式时,开孔截面处应按扣除孔洞面积后的型钢截面验算组合构件抗弯和抗剪承载力。

7.2.3 抗剪连接件可按下列原则进行受力计算:

  1 型钢与外包混凝土可不考虑相对滑移。

  2 当外包混凝土对型钢具有可靠约束时,可计入型钢与外包混凝土之间的粘结作用。

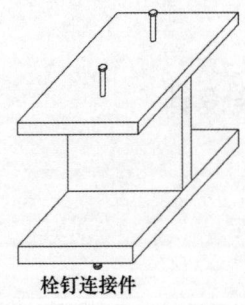 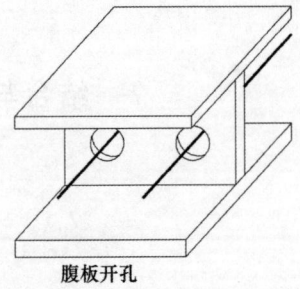

栓钉连接件　　　　　　腹板开孔

图 7.2.1　抗剪连接件形式

7.2.4 圆柱头焊钉的抗剪承载力设计值可按下列公式计算：

$$N_v^c = \min\left\{0.43\eta A_{std}\sqrt{E_c f_{cd}},\ 1.19 A_{std} f_{std}\left(\frac{E_c}{E_s}\right)^{0.2}\left(\frac{f_{cu}}{f_{std}}\right)^{0.1}\right\}$$

(7.2.4)

式中：N_v^c——单个圆柱头焊钉抗剪承载力设计值；

A_{std}——圆柱头焊钉截面面积；

E_c，E_s——混凝土和圆柱头焊钉的弹性模量；

f_{cd}——混凝土轴心抗压强度设计值；

f_{std}——圆柱头焊钉的抗拉强度。当圆柱头焊钉为4.6级时，取400MPa；

f_{cu}——边长为150mm的混凝土立方体抗压强度；

η——群钉效应折减系数。当 $6 < l_d/d < 13$ 时，对C30~C40混凝土，$\eta = 0.021 l_d/d + 0.73$（$l_d$ 为圆柱头焊钉纵向间距，d 为圆柱头焊钉直径，单位均为 mm）；对于C45、C50混凝土，$\eta = 0.016 l_d/d + 0.80$；对于C55、C60混凝土，$\eta = 0.013 l_d/d + 0.84$；当 $l_d/d \geqslant 13$ 时，不考虑群钉效应，$\eta = 1.0$。

7.2.5 腹板开孔连接方式的单孔抗剪承载力，可按下列公式计算：

$$N_v^c = 1.38(d^2 - d_s^2)f_{cd} + 1.24 d_s^2 f_{sd}$$

(7.2.5)

式中：N_v^c——腹板开孔连接方式的单孔抗剪承载力设计值；
　　　d——开孔直径；
　　　d_s——穿孔钢筋直径；
　　　f_{cd}——混凝土轴心抗压强度设计值；
　　　f_{sd}——穿孔钢筋抗拉强度设计值。

7.2.6 抗剪连接件的疲劳性能可按国家现行标准《钢-混凝土组合桥梁设计规范》GB 50917 和现行行业标准《公路钢结构桥梁设计规范》JTG D64 的相关要求进行验算。

7.3 构件的连接

7.3.1 型钢混凝土构件的连接，可采用下列的连接方式：

1 型钢混凝土立柱与承台或盖梁的连接，立柱通过型钢节点锚固在承台或盖梁混凝土内。

2 型钢混凝土梁与其他构件的连接，梁通过型钢节点锚固在其他构件中。

3 型钢混凝土受拉弯作用的构件与其他构件的连接，构件通过型钢锚固在混凝土构件中。

7.3.2 型钢混凝土构件与混凝土构件的连接时，应在混凝土构件中设置型钢延伸过渡段，见图 7.3.2。型钢应锚入混凝土构件中。

7.3.3 型钢混凝土构件与钢构件刚性连接时，型钢与钢结构应等强度连接。节点区域钢与混凝土之间应根据不同的受力特点设置抗剪连接件，见图 7.3.3。

7.3.4 型钢混凝土构件与型钢混凝土构件连接时，各构件的型钢应等强连接形成刚性节点，各构件的主钢筋应穿过节点各自贯通，见图 7.3.4。

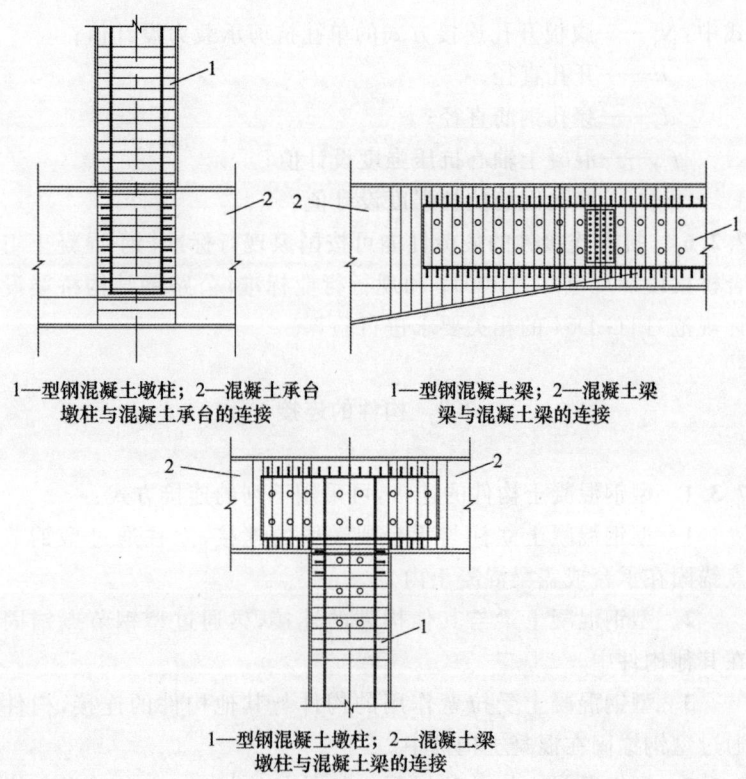

图 7.3.2 型钢混凝土构件与混凝土构件的连接

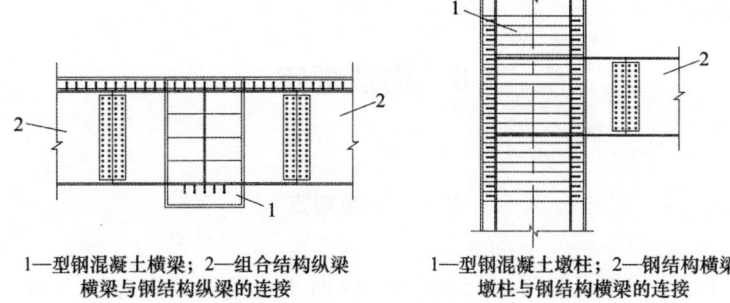

1—型钢混凝土横梁；2—组合结构纵梁
横梁与钢结构纵梁的连接

1—型钢混凝土墩柱；2—钢结构横梁
墩柱与钢结构横梁的连接

图 7.3.3 型钢混凝土构件与钢结构的连接

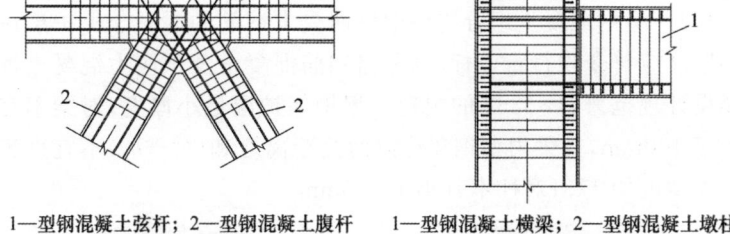

1—型钢混凝土弦杆；2—型钢混凝土腹杆
桁架构件的连接

1—型钢混凝土横梁；2—型钢混凝土墩柱
墩柱构件的连接

图 7.3.4 型钢混凝土构件之间的连接

7.3.5 构件连接节点的局部受力，应采用可靠的有限元模型进行精细化分析，并按现行行业标准《公路钢结构桥梁设计规范》JTG D64、《公路钢筋混凝土及预应力混凝土桥涵设计规范》JTG 3362 的要求进行钢结构与混凝土的受力验算。

8 构造规定

8.1 一般规定

8.1.1 型钢混凝土组合构件中,纵向受力钢筋的直径不宜小于16mm,纵筋与型钢的净间距不宜小于30mm,其纵向受力钢筋的最小锚固长度、搭接长度应符合现行行业标准《公路钢筋混凝土及预应力混凝土桥涵设计规范》JTG 3362的要求。

8.1.2 型钢混凝土组合构件中纵向受力钢筋的混凝土保护层最小厚度应符合现行行业标准《公路钢筋混凝土及预应力混凝土桥涵设计规范》JTG 3362的规定。型钢保护层最小厚度,对梁不宜小于100mm,且梁内型钢翼缘离两侧距离之和(b_1+b_2)不宜小于截面宽度的1/3;对柱不宜小于120mm。

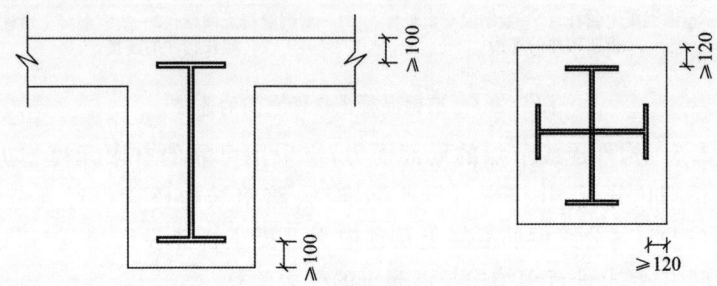

图8.1.2 型钢保护层最小厚度

8.1.3 型钢混凝土组合构件中型钢钢板厚度不宜小于6mm,其钢板宽厚比宜符合表8.1.3的规定。当满足宽厚比限值时,可不进行局部稳定验算。

表 8.1.3 型钢钢板宽厚比限值

钢号	梁		柱	
	b_{af}/t_f	h_w/t_w	b_{af}/t_f	h_w/t_w
Q235	<23	<107	<23	<96
Q355	<19	<91	<19	<81
Q390	<18	<83	<18	<75
Q420	<17	<80	<17	<71

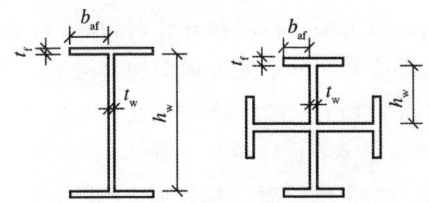

图 8.1.3 型钢钢板宽厚比

8.1.4 型钢混凝土构件的箍筋，直径不宜小于12mm，间距不宜大于150mm。型钢截面中尺寸大于500mm的边，宜在型钢与箍筋之间设置拉筋。

8.1.5 型钢混凝土的梁、墩柱构件构造，应满足现行行业标准《公路钢筋混凝土及预应力混凝土桥涵设计规范》JTG 3362以及《公路钢结构桥梁设计规范》JTG D64对组合结构构件的规定。

8.2 结合与连接构造

8.2.1 型钢混凝土组合桥梁结合的抗剪连接应符合下列构造要求：

1 圆柱头焊钉应满足现行行业标准《公路钢结构桥梁设计规范》JTG D64圆柱头焊钉连接件的构造规定。

2 腹板开孔连接应满足现行行业标准《公路钢结构桥梁设计规范》JTG D64开孔板连接件构造规定，并应满足：

1) 当开孔位于离支座截面 1/4 跨度以内时,孔径不宜大于 0.3 倍型钢混凝土组合构件截面高度,且不宜大于 0.5 倍型钢截面高度;
2) 当开孔位于离支座截面 1/4 跨度以外时,孔径不宜大于 0.4 倍型钢混凝土组合构件截面高度,且不宜大于 0.7 倍型钢截面高度;
3) 开孔中心纵向两侧各 1/2 倍组合构件截面高度范围内箍筋应加密,间距 100mm,直径同原箍筋;
4) 型钢混凝土梁型钢腹板开孔时,在梁与型钢腹板平行的两侧应沿高度分别配置纵向构造腰筋,其间距不宜大于 100mm,直径不小于 12mm,且各不少于 2 根。

8.2.2 墩梁刚性连接节点应符合下列要求:

1 当墩梁均为型钢混凝土构件时,主梁内型钢应连续贯通,型钢拼接处应避开支座,并应设在梁中内力较小处。主梁与墩柱各自型钢的腹板应布置在同一平面内,主梁型钢横向与墩柱型钢翼缘对应处应设置竖向加劲肋,厚度与墩柱型钢翼缘厚度相等,且不宜小于 12mm。

2 当钢筋混凝土墩柱与型钢混凝土主梁连接时,墩柱内应设置型钢短柱与主梁型钢连接。型钢截面高度不小于 0.7 倍墩截面高度,伸入墩柱内长度不小于型钢截面高度的 2 倍。型钢短柱应设置抗剪连接。

3 当钢筋混凝土主梁与型钢混凝土墩柱连接时,主梁内应设置型钢短梁与墩柱型钢连接。型钢短梁高度不小于 0.7 倍主梁高,从立柱外侧延伸长度不小于型钢截面高度的 2 倍。型钢短梁应设置抗剪连接。

4 墩梁节点区箍筋应加密,加密范围应延伸至节点外 1.2 倍的型钢高度。

5 墩柱和主梁内型钢、型钢短柱、短型钢梁相互连接采用等强焊接,构造应符合现行行业标准《公路钢结构桥梁设计规范》

JTG D64 的要求。

8.2.3 型钢混凝土梁与混凝土梁连接时,连接位置应选择弯矩较小处,型钢伸入混凝土梁内的长度应不小于型钢截面高度的 2 倍。型钢延伸段的上下翼缘应设置抗剪连接件。节点区域箍筋应加密,加密范围应延伸至节点外 1.2 倍的型钢高度。

8.2.4 型钢混凝土排架墩或排架式桥塔中,墩柱(塔柱)与盖梁的连接构造可按同刚接墩梁连接构造进行设计。

8.2.5 型钢混凝土墩柱与承台的连接应符合下列构造要求:

1 墩柱型钢的埋深不得小于柱型钢截面高度的 2.5 倍。

2 在型钢埋入部分的端部,应设置水平加劲板或隔板。若型钢为钢管,且钢管内灌注混凝土至基础顶部以上一倍钢管外径的高度时,水平加劲板可不设。

3 埋入式柱脚在基础中的埋深范围内,型钢周边应设置圆柱头焊钉,圆柱头焊钉的直径不小于 19mm,水平及竖向中心距不大于 200mm,且圆柱头焊钉至型钢翼缘板边缘的距离不大于 100mm。

4 埋入式柱脚中型钢保护层的最小厚度不应小于 250mm,边柱和角柱外侧的保护层厚度不应小于 400mm,见图 8.2.5。非埋入式柱脚型钢的保护层厚度不得小于 150mm。型钢柱底板侧边的保护层厚度不宜小于 100mm。

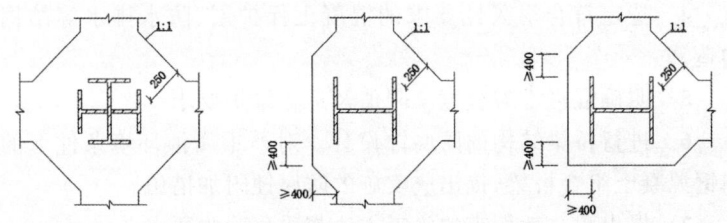

图 8.2.5 埋入式柱脚混凝土保护层

9 耐久性与可维护设计

9.1 一般规定

9.1.1 型钢混凝土组合桥梁应根据桥梁设计使用年限及其对应的极限状态、环境类别、环境作用等级,考虑施工方法的影响和桥梁运行过程中的维护条件,进行耐久性设计。同一结构中的不同构件或同一构件中的不同部位由于所处的局部环境条件有异,应根据实际情况采用不同的环境类别及其作用等级,分别进行耐久性设计。

9.1.2 型钢混凝土组合桥梁应在耐久性设计的基础上,根据运行维护需求、施工方法、养护条件、结构特点,进行可维护设计。

9.1.3 型钢混凝土组合桥梁耐久性设计应包括下列内容:

1 明确桥梁结构与构件的设计使用年限。

2 明确桥梁结构与构件所处的环境类别及其作用等级。

3 明确对主要结构材料的选控要求、耐久性指标和相关的参数。

4 选定符合耐久性要求的混凝土保护层、防水排水等结构构造。

5 明确混凝土裂缝宽度限值及运行维护要求。

6 进行桥梁结构的防腐蚀设计。对严重腐蚀环境条件下的型钢混凝土组合桥梁,提出应实施的防腐蚀附加措施。

7 提出耐久性所需的施工方法与质量验收要求。

9.1.4 型钢混凝土组合桥梁可维护设计应包括下列内容:

1 分析桥梁运行维护需求,设定维护工况。

2 确定维护条件及相应的设施、结构空间及必须的安全防护要求。

3 确定可更换构件及更换原则与方法；提出构件更换工作空间、相关埋件要求。

4 对受力复杂的重要构件进行监测设计，明确监测目的、监测方法等要点。

9.1.5 桥梁施工图设计文件中应列出桥梁设计使用年限，并列出桥梁结构各个部件或部位使用年限的明细表，标明在结构的设计使用年限内需要大修或更换的结构部件或部位名称及其预期的修补或更换的期限。

9.2 耐久性设计

9.2.1 型钢混凝土组合桥梁结构与构件设计使用年限应符合下列规定：

1 不可更换的桥梁构件，设计使用年限同桥梁设计使用年限。桥梁设计使用年限应按本标准第3.1.5条采用。

2 可更换的桥梁构件，设计使用年限应在施工图设计文件中加以规定。

9.2.2 型钢混凝土组合结构及构件应根据其表面直接接触的环境按现行行业标准《公路钢筋混凝土及预应力混凝土桥涵设计规范》JTG 3362、现行国家标准《混凝土结构耐久性设计规范》GB/T 50476确定所处环境类别及作用等级进行耐久性设计。当结构和构件受多种环境类别共同作用时，应分别满足每种环境类别单独作用下的耐久性要求。

9.2.3 各类环境下混凝土强度等级应符合现行行业标准《公路钢筋混凝土及预应力混凝土桥涵设计规范》JTG 3362的相关要求，型钢外保护层应满足本标准第8.1.2条的规定。

9.2.4 型钢混凝土抗裂性要求应符合现行行业标准《公路钢筋混凝土及预应力混凝土桥涵设计规范》JTG 3362的相关要求。

一般环境中露天下不直接接触雨水的型钢钢筋混凝土构件的最大裂缝宽度限值可为 0.25mm。

9.2.5 海洋氯化物环境中设计使用年限不小于 50 年的桥梁工程,设计时应提出混凝土的抗氯离子侵入性指标,当混凝土保护层厚度取本标准第 8.1.2 条规定值时,混凝土的抗氯离子侵入性指标可按表 9.2.5 确定。

表 9.2.5 混凝土的抗氯离子侵入性指标

侵入性指标	设计使用年限	100 年		50 年	
	作用等级	D	E	D	E
8d 龄期氯离子扩散系数 DRCM (10^{-12} m²/s)		≤7	≤4	≤10	≤6

注:1 表中的 DRCM 值适用于较大或大掺量矿物掺合料混凝土。对于胶凝材料主要成分为硅酸盐水泥的混凝土,应采取更为严格的要求。
2 如实际采用的保护层厚度高于本标准的规定,可对本表中数据作适当调整。

9.2.6 构件中的型钢埋入混凝土前须经除锈处理,表面不须作防腐涂装。外露钢结构、钢构件应按桥梁所处环境进行防腐涂装。外露钢构件与混凝土结构连接时,连接部位应进行有效的防腐处理。

9.2.7 预应力型钢混凝土的预应力筋应根据环境、气候具体情况采用防护措施;预应力锚固端应封闭或采用防护措施。

9.2.8 型钢混凝土桥梁的防水排水设计应符合下列规定:

1 桥面系应设置可靠的防水层及排水系统。梁顶面应设置排水横坡及落水口。落水口管道不得直接将水排向下部混凝土墩台表面。

2 桥梁外侧翼缘下沿应设置滴水槽、滴水沿或其他防止雨水流向混凝土侧面和底面的构造措施。

3 构件外形不得形成积水凹陷,顶面宜设置不小于 0.5% 的排水坡。

4 桥梁端部应设置有效的防水措施,防止雨水回流污染支座和梁端表面。

   5 伸缩装置应设置防水构造，以防止雨水渗流到梁端和桥台。

9.2.9 型钢混凝土构件的施工养护要求应符合表9.2.9的规定。处于Ⅰ-A、Ⅰ-B环境下的混凝土结构构件，其保护层厚度的施工质量验收应符合现行国家标准《混凝土结构工程施工质量验收规范》GB 50204的规定。环境作用等级为C、D、E、F的混凝土结构构件，其保护层厚度的施工质量验收要求按现行国家标准《混凝土结构耐久性设计规范》GB 50476相关规定执行。

表9.2.9 施工养护制度要求

环境作用等级	混凝土类型	养护制度
Ⅰ-A、Ⅰ-B、Ⅰ-C、Ⅱ-C、Ⅱ-D、Ⅲ-C	一般混凝土	加湿养护至现场混凝土的强度不低于28d标准强度的50%，且不少于3d
	大掺量矿物掺合料混凝土	加湿养护至现场混凝土的强度不低于28d标准强度的50%，且不少于7d
Ⅲ-D、Ⅲ-E	大掺量矿物掺合料混凝土	加湿养护至现场混凝土的强度不低于28d标准强度的50%，且不少于7d。加湿养护结束后应继续用养护喷涂或覆盖保湿、防风一段时间至现场混凝土的强度达到28d标准强度

注：1 表中要求适用于混凝土表面大气温度不低于10℃的情况，否则应延长养护时间。
   2 大掺量矿物掺合料混凝土在Ⅰ-A环境中用于永久浸没于水中的构件。

9.3 可维护设计

9.3.1 型钢混凝土组合桥梁设计中应调研、分析运行维护需求，进行可维护设计，并在施工图设计说明中明确桥梁维护工况。

9.3.2 桥梁维护工况包括日常检修维护、辅助构件更换维护、主受力构件更换维护。设计中应考虑维护设施、人员及相应荷载以及维护中桥梁结构约束条件、作用与效应的变化,进行相应维护工况的验算。

9.3.3 型钢混凝土组合桥梁施工图设计中应进行维护条件设计:

1 根据桥型特点和具体的运行维护需求,配置必要的维护工具和设施。

2 确保检修维护的可通达性,设置检修通道、爬梯和工作平台。

3 凡需要到达的部位和通道,应设护栏或采取有效的防护措施。

4 根据维护需要在桥梁上下部结构的相应部位预留预埋件。

5 必要时,应在桥梁结构的合理位置设置工程现场监测取样用的样板构件,其尺寸、材料、型钢与钢筋配置、施工以及环境条件等应与监测对象一致。

9.3.4 设计中应明确构件更换的条件、原则和程序,并布置预埋件,预留足够的工作空间。

9.3.5 对于结构静动力特性复杂的桥型,或对于特别重要的大型桥梁的重要构件宜设置全过程监测点,动态监测结构施工和运行期各类作用效应和实时反应。监测系统的监测数据应满足施工和运行维护的要求。

本标准用词说明

1 为便于在执行本标准条文时区别对待,对要求严格程度不同的用词说明如下:

1) 表示很严格,非这样做不可的用词:
   正面词采用"必须";
   反面词采用"严禁"。

2) 表示严格,在正常情况下均应这样做的用词:
   正面词采用"应";
   反面词采用"不应"或"不得"。

3) 表示允许稍有选择,在条件允许时首先这样做的用词:
   正面词采用"宜";
   反面词采用"不宜"。

4) 表示有选择,在一定条件下可以这样做的用词,采用"可"。

2 标准中指定应按其他有关标准、规范执行时,写法为:"应按……执行"或"应符合……的规定"。

引用标准名录

1 《碳素结构钢》GB/T 700
2 《钢筋混凝土用钢 第1部分:热轧光圆钢筋》GB 1499.1
3 《钢筋混凝土用钢 第2部分:带肋钢筋》GB 1499.2
4 《低合金高强度结构钢》GB/T 1591
5 《预应力混凝土用钢丝》GB/T 5223
6 《预应力混凝土用钢绞线》GB/T 5224
7 《厚度方向性能钢板》GB/T 5313
8 《电弧螺柱焊用圆柱头焊钉》GB/T 10433
9 《钢筋混凝土用余热处理钢筋》GB 13014
10 《预应力混凝土用螺纹钢筋》GB/T 20065
11 《混凝土结构工程施工质量验收规范》GB 50204
12 《混凝土结构耐久性设计规范》GB/T 50476
13 《钢-混凝土组合桥梁设计规范》GB 50917
14 《无粘结预应力钢绞线》JG 161
15 《城市桥梁设计规范》CJJ 11
16 《公路桥涵设计通用规范》JTG D60
17 《公路钢筋混凝土及预应力混凝土桥涵设计规范》JTG 3362
18 《公路钢结构桥梁设计规范》JTG D64

上海市工程建设规范

型钢混凝土组合桥梁设计标准

DG/TJ 08-2299-2019
J 14878-2019

条文说明

2019　上海

目　次

1 总　则 …………………………………………………… 63
2 术语和符号 …………………………………………… 64
3 基本规定 ……………………………………………… 65
　3.1 一般规定 …………………………………………… 65
　3.3 结构设计计算原则 ………………………………… 66
4 材　料 ………………………………………………… 68
　4.1 混凝土 ……………………………………………… 68
　4.2 钢　材 ……………………………………………… 68
　4.3 普通钢筋 …………………………………………… 69
　4.4 预应力筋 …………………………………………… 69
5 承载能力极限状态计算 ……………………………… 71
　5.1 一般规定 …………………………………………… 71
　5.2 抗弯承载力计算 …………………………………… 71
　5.3 轴心受力承载力计算 ……………………………… 73
　5.4 抗拉弯、压弯承载力计算 ………………………… 73
　5.5 抗剪承载力计算 …………………………………… 74
6 正常使用极限状态验算 ……………………………… 76
　6.1 一般规定 …………………………………………… 76
　6.2 抗裂验算 …………………………………………… 76
　6.3 裂缝宽度验算 ……………………………………… 77
　6.4 挠度验算 …………………………………………… 77
7 结合与连接设计 ……………………………………… 79
　7.1 一般规定 …………………………………………… 79
　7.2 抗剪连接件 ………………………………………… 79

8 构造规定 ………………………………………… 80
　8.2 结合与连接构造 ……………………………… 80
9 耐久性与可维护设计 …………………………… 81
　9.1 一般规定 ……………………………………… 81
　9.2 耐久性设计 …………………………………… 82
　9.3 可维护设计 …………………………………… 83

Contents

1 General ·· 63
2 Terms and symbols ·· 64
3 Basic requirements ··· 65
   3.1 General requirements ···································· 65
   3.3 Principles of structural design and calculation ······ 66
4 Materials ·· 68
   4.1 Concrete ·· 68
   4.2 Structural steel ··· 68
   4.3 Reinforcing steel ·· 69
   4.4 Prestressing steel ··· 69
5 Ultimate limit states ··· 71
   5.1 General requirements ······································ 71
   5.2 Resistance of members in bending ····················· 71
   5.3 Resistance of members in axial compression ········ 73
   5.4 Resistance of members in combined tension and bending or in combined compression and bending ··· 73
   5.5 Resistance of members in shear ······················· 74
6 Serviceability limit states ······································· 76
   6.1 Serviceability limit states ································· 76
   6.2 Resistance of crack ··· 76
   6.3 Calculation of crack widths ······························ 77
   6.4 Calculation of deflection ·································· 77
7 Design of combination and connection ····················· 79
   7.1 General requirements ······································ 79

	7.2	Shear connector for combination ········· 79
8	Construction regulations ······················· 80
	8.2	Construction of combination and connection ········ 80
9	Design of durability and maintainability ················ 81
	9.1	General requirements ························ 81
	9.2	Design of durability ························ 82
	9.3	Design of maintainability ···················· 83

1 总 则

1.0.1 本条是制定本标准的目的。型钢混凝土组合结构是指在型钢周围布置钢筋,并浇筑混凝土的结构。它承载力高、刚性大,并具有良好的延性和耗能性能。因此,具有良好的抗震性能,而且自重轻、梁高小、跨度大、构件整体性好。在桥梁工程中有针对性地推广应用此类结构,对我国桥梁结构形式的发展具有极其重要的意义。为了使型钢混凝土组合桥梁的结构设计更具有科学性、先进性及合理性,总结理论研究和工程实践经验,并按照桥梁结构设计总体性规范的要求进行型钢混凝土组合桥梁设计规范的编制,非常具有必要性。

1.0.2 本条给出了本标准的适用范围。本标准为上海市工程建设规范,适用于上海市城市道路和公路中采用型钢混凝土组合构件的桥梁设计,其设计方法并不具地域性,其他省市的型钢混凝土桥梁设计可参考本标准执行。

2 术语和符号

术语列出了与型钢混凝土组合桥梁相关的专业术语,以达到概念解释与表达统一的目的。

3 基本规定

3.1 一般规定

3.1.1~3.1.2 本标准依据现行国家标准《工程结构可靠性设计统一标准》GB 50153 规定的设计原则编制,按照极限状态法进行设计是现行国家标准《工程结构可靠性设计统一标准》GB 50153 的基本要求。极限状态分为承载能力和正常使用两类。

承载能力极限状态涉及桥梁的结构安全,包括构件及连接强度、疲劳、结构整体稳定等;正常使用极限状态涉及桥梁的使用条件及耐久性,包括结构的变形、抗裂性等。桥梁结构满足两种极限状态,保证了结构的安全性、适用性及耐久性,使桥梁结构满足可靠性的要求,达到全部预定的功能。

按概率理论为基础的极限状态设计,在基准期内结构的可靠指标满足目标指标,结构安全是指在统计基准期中概率意义上的安全。

3.1.4 设计基准期是为确定可变作用等的取值而选用时间参数。采用以可靠性理论为基础的极限状态设计法需要确定选定的时间段,将其作为评定各种可变作用取值及与时间相关的材料性能取值的依据,这个时间段即为设计基准期。基准期内的结构安全并非绝对意义上的安全,而是结构的可靠指标满足目标指标,在统计基准期中概率意义上的安全。根据现行国家标准《工程结构可靠性设计统一标准》GB 50153 的规定,桥梁结构的设计基准期应为 100 年。

3.1.5 设计使用年限是设计规定的结构或者构件不需要进行大修即可按预定目的使用的年限。即桥梁在正常设计、正常施工、正常使用、正常维护下达到的使用年限。根据现行国家标准《工程结构可靠性设计统一标准》GB 50153 的规定，桥梁结构的设计使用年限按照本标准的表 4.1.3 的规定采用。

3.3 结构设计计算原则

3.3.1 本条给出承载能力极限状态计算的表达式，适用于本标准结构构件的承载力计算，与现行行业标准《公路钢筋混凝土及预应力混凝土桥涵设计规范》JTG 3362 保持一致。

3.3.2 本条给出正常使用极限状态计算的表达式。作用的效应组合一般采用标准组合、频遇组合及准永久组合，不含安全等级决定的重要性系数；与现行行业标准《公路钢筋混凝土及预应力混凝土桥涵设计规范》JTG 3362 的相关规定基本一致。

3.3.3 按照现行国家标准《工程结构可靠性设计统一标准》GB 50153 的规定，结构的倾覆稳定是属于结构承载能力极限状态的问题，其破坏具有突然性与极其的严重性。

桥梁的倾覆主要是由于汽车荷载的偏载作用。倾覆的极限状态主要有：一是在偏载作用下，梁作为刚体绕某一直线倾覆轴线达到临界状态；二是在偏载作用下，梁体某些部分形成较大的转角，引起约束条件及平衡条件的改变，恒载由稳定效应逐步变为倾覆效应而达到临界状态。本标准参考现行行业标准《公路钢结构桥梁设计规范》JTG D64 的规定，通过严格控制边界非线性失稳状态，避免结构体系达到几何非线性失稳状态。

本条规定与现行行业标准《公路钢结构桥梁设计规范》JTG D64 一致。

3.3.4 本条与现行行业标准《型钢混凝土组合结构技术规程》JGJ 138 一致。

3.3.5 型钢混凝土组合桥梁可采用先安装型钢，然后利用型钢支撑模板进行混凝土浇筑的施工方法。该施工方法避免了搭设支架的烦琐工序,施工便利,可在工程中进行推广应用。正常使用极限状态采用弹性设计方法,其应力的极限状态为继承应力,与组合截面的形成方式有关。因此,计算时需考虑施工顺序对应力状态的影响。

型钢混凝土组合构件的混凝土收缩徐变作用,在静定结构中,不产生截面弯矩,但在截面内产生约束自应力;在超静定结构中,这些作用引起的变形会产生二次应力。分析计算时可采用有限元方法,对型钢与混凝土分别建模进行考虑。

4 材 料

4.1 混凝土

4.1.1 抗压强度标准值系指试件用标准方法制作、养护至28d龄期，以标准试验方法测得的具有95%保证率的抗压强度（以MPa计）。

混凝土强度等级为边长150mm的立方体抗压强度总体分布平均值减去1.645倍标准差（方差）的值，前冠C，是混凝土各项力学指标的基本代表值。

4.1.2 轴心抗压强度标准值是以棱柱体强度为基础的，并考虑实体结构与试件的差异对强度的影响，且适当考虑混凝土的脆性对强度的影响。

4.1.3 混凝土强度设计值在标准值的基础上，根据可靠度指标所确定的材料分项系数进行计算得到。本标准的取值与现行行业标准《公路钢筋混凝土及预应力混凝土桥涵设计规范》JTG 3362中的取值一致。

4.1.4 混凝土弹性模量，同现行行业标准《公路钢筋混凝土及预应力混凝土桥涵设计规范》JTG 3362的取值。

4.1.5 混凝土的其他物理力学指标（剪切模量、泊松比、线膨胀系数），同现行行业标准《公路钢筋混凝土及预应力混凝土桥涵设计规范》JTG 3362的取值。

4.2 钢 材

4.2.1 现行国家标准《碳素结构钢》GB/T 700、《低合金高强度结构钢》GB/T 1591是结构用钢材的基本材料标准。

钢材的强度设计值是根据极限状态下可靠度指标要求的、含材料分项系数的设计计算值。抗拉、抗压和抗弯强度设计值 f_d 是以钢材的屈服点为基础除以材料抗力分项系数 γ_R 并取5的整倍数而得。材料的抗力分项系数取 $\gamma_R=1.25$；钢材的抗剪强度设计值 f_{vd} 是以 f_d 为基础，$f_{vd}=f_d/\sqrt{3}=0.577f_d$，与国内其他相关规范保持一致；钢件端面承压（刨平顶紧）使接触处产生局部塑性变形，扩大了接触面积，相当于提高了钢材承压承载力，取 $f_{ced}=1.5f_d$，与国内其他相关规范保持一致。

考虑到目前工程中常采用的钢板厚度不超过63mm，且超过63mm以后钢材的屈服强度与交货状态有关，本标准仅给出63mm以下钢板的强度设计值。

4.2.3 物理性能是钢材的基本指标。其中，由于型钢混凝土组合构件钢与混凝土在温度作用下由于不同的线膨胀系数会引起截面内的约束应力，一般不得采用与混凝土一致的线膨胀系数来简化计算温度作用的效应。钢材的线膨胀系数取 $1.2\times10^{-5}/℃$。

4.3 普通钢筋

4.3.1 钢筋材料的选用要求，原则上与现行的国内其他标准一致。

4.3.2 普通钢筋的强度标准值取自相应国家标准的钢筋屈服点（具有不小于95%的保证率）。

4.3.3 普通钢筋的强度设计值为强度标准值除以材料分项系数1.2并取整，满足目标可靠指标的要求。

4.3.4 与现行有关国家标准取值一致。

4.4 预应力筋

4.4.2 钢绞线与钢丝的抗拉标准强度取自现行国家标准的抗拉

极限强度，精轧螺纹钢的抗拉标准强度取自相关标准的材料屈服点。均有不小于95%的保证率。

4.4.3 预应力筋的强度设计值，与极限状态的下的应力有关。一般认为，体内配置的预应力筋在极限状态下能达到其屈服点（或条件屈服点），所以体内配置的预应力筋强度设计值为材料屈服点除以材料分项安全系数。

4.4.4 体外无粘结预应力筋的极限应力设计值为极限应力除以考虑材料性能、结构体系等因素的分项系数，满足目标可靠指标的要求。

4.4.5 预应力筋的弹性模量，与其他现行有关标准一致。

5 承载能力极限状态计算

5.1 一般规定

5.1.1 本节的承载能力极限状态,仅给出抗弯、抗剪、轴心受力和偏心受力几类常用的受力形式。计算时,汽车荷载应计入冲击系数,作用(或荷载)的效应应采用其组合设计值,结构材料性能采用考虑了分项系数的设计值。

5.1.2 型钢混凝土桥梁安全等级等同公路桥涵,重要性分为一级、二级与三级。原则上,同一座桥梁宜取相同的安全等级,必要时部分构件可作适当调整。

5.2 抗弯承载力计算

5.2.1 调研型钢混凝土受弯性能试验,表明受弯构件在外荷载作用下,截面的各部分的应变基本能保持平面;有学者通过试验实测认为,由于型钢的存在,型钢混凝土受弯构件在破坏时混凝土的极限压应变比钢筋混凝土受弯构件稍小,一般为 0.00277~0.0031;所以受压区边缘混凝土极限应变 ε_{cu} 可取 0.003。受弯构件的破坏标志以上缘混凝土压碎,型钢下翼缘、普通钢筋、预应力钢筋均屈服为标准;参考钢筋混凝土构件建立了型钢混凝土的正截面受弯承载力计算的基本假定。

5.2.2 对于型钢混凝土构件的受弯承载力,考虑拉区有配预应力钢束的情况,为了计算时判定截面所处的状态,即型钢不同部分的屈服情况,先计算截面中几种不同位置型钢屈服时截面中和轴高度。

5.2.3 防止截面出现类似普通钢筋混凝土受弯构件的超筋破坏形式,计算了截面受拉区各部分屈服时的截面受压区高度,用以保证最终截面破坏时,截面受拉区各部件均能屈服,并属延性破坏。

5.2.4 现有两个针对型钢混凝土的行业标准,其计算思路分别是:①考虑将型钢和普通钢筋混凝土承载力分开计算,再简单叠加;②利用平截面假定将整个型钢混凝土构件作整体考虑。但第一种方法存在计算保守、应用面不广的问题。在广泛调研并参考了现已提出的多种型钢混凝土构件受弯承载能力计算公式后发现,多是基于平截面假定的推导,虽未考虑型钢与混凝土之间的相对粘结滑移,但计算结果仍较准确;且考虑到公式表达形式的简洁,不考虑界面的相对粘结滑移,故在此仍沿用第二种计算思路,即现行行业标准《型钢混凝土组合结构技术规程》JGJ 138 的方法。

但现行行业标准《型钢混凝土组合结构技术规程》JGJ 138 中仅考虑了型钢充满布置的情况,即中和轴在型钢腹板,且达到极限状态时型钢上下翼缘均能达到屈服,这具有极大的局限性,限制了结构设计的多样性。

在计算相对中和轴高度 x 时,考虑了未屈服的腹板和翼缘的影响。

5.2.5 预应力型钢混凝土组合梁正截面抗弯承载能力的计算可以在考虑型钢和混凝土截面协同工作的前提下,分解为预应力钢筋混凝土梁所承担的抗弯承载力和型钢对截面抗弯承载能力的提高。在最终计算承载力时,由于未屈服部分腹板靠近中和轴,且腹板截面相比翼缘较小,故偏安全地忽略腹板上未屈服段对于截面抗弯承载力的贡献。

本标准给出的是在考虑材料分项系数下的设计值下的承载能力极限。

5.3 轴力受力承载力计算

5.3.1 计算型钢混凝土轴心受拉构件时,考虑了配置对称的预应力钢束的情况。

5.3.2 参考现行行业标准《公路钢筋混凝土及预应力混凝土桥涵设计规范》JTG 3362 对公式乘以 0.90 的系数以适当提高轴心抗压构件的安全度。

5.4 抗拉弯、压弯承载力计算

5.4.1 型钢混凝土偏心受力构件受力模式与受弯构件类似,采用相同的计算假定。

5.4.2 对于型钢混凝土偏心受压构件,其受压侧翼缘和普通钢筋一般均能屈服。由于型钢对构件的承载力贡献较大,尤其是翼缘,故采用型钢受拉翼缘能否拉屈作为判定型钢混凝土构件大小偏心受力的标准。

5.4.3 大偏心受压的情况基本与受弯构件的情况类似,采用类似的计算模式推导了其承载力计算公式。

5.4.4 小偏心受压区别于大偏心受压情况在于另一侧(受拉侧)翼缘应力状况未知,根据轴力偏心的大小,大概可分为图 1 所示的三种情况。

对于受拉侧翼缘应力的计算可根据平截面假定进行,计算出实际应力后可进行承载能力的计算,计算过程中同样可以将下翼缘受拉受压未屈服统一进行迭代计算。

5.4.5 大偏心受拉构件的正截面承载力计算与受弯构件的考虑类似,可采用相同的方法推导出其承载能力计算公式。

5.4.6 小偏心受拉构件考虑了对称配置预应力钢束的情况,当达到承载能力极限状态时,混凝土已拉裂,仅靠内部的钢材受力;

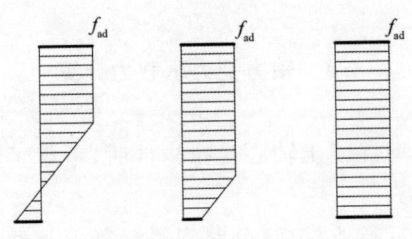

图1 小偏心受压时型钢腹板受力情况

故不考虑截面混凝土的受力。

5.5 抗剪承载力计算

5.5.1 在现行行业标准《公路钢筋混凝土及预应力混凝土桥涵设计规范》JTG 3362 基础上作部分修正,使其适用于预应力型钢混凝土组合梁。根据西安建筑科技大学的52根试验梁数据回归分析和可靠度分析,得出了型钢部分对受剪承载力的贡献为型钢腹板部分的受剪承载力,其值与腹板强度、腹板含量有关,而且由于混凝土在型钢外面的包裹作用,不考虑型钢局部屈曲,近似假定型钢腹板全截面处于纯剪状态。

针对预应力对型钢混凝土梁抗剪承载力的影响,刘军进等多位学者认为是有利的,同时考虑到还有型钢对核心混凝土的束箍效应使得核心部分混凝土三向受压,这种有利影响可以计入承载力计算公式,这种有利的贡献采用一种应力分析的方法得到,并限制了其最大值。

5.5.2 当构件尺寸较小而剪力较大时,就可能在其腹部产生很大的主应力,使其发生斜压破坏,或在构件中产生过宽的斜裂缝。这种情况下构件的抗剪承载力取决于混凝土的抗压强度及构件的截面尺寸,所以应对截面抗剪承载力上限值有规定。由于型钢混凝土构件截面中有型钢的影响,有较好的延性,预应力型钢混凝土受弯构件的剪力上限值也应在考虑型钢的影响下作相应的修改。现行行业标准《公路钢筋混凝土及预应力混凝土桥涵设计规范》JTG 3362 由于没有考虑型钢的影响，所以其中对抗剪承载能力上限的规定就显得过于保守，在此建议采用现行行业标准《组合结构设计规范》JGJ 138 中对型钢混凝土的抗剪承载能力上限规定。对于可以不进行抗剪承载力验算的条件，仍可偏安全地沿用现行行业标准《公路钢筋混凝土及预应力混凝土桥涵设计规范》JTG D3362 中的规定。若满足条件，仍按构造要求配置箍筋。

6 正常使用极限状态验算

6.1 一般规定

6.1.1 型钢混凝土桥梁按持久状况设计时,应根据现行行业标准《公路钢筋混凝土及预应力混凝土桥涵设计规范》JTG 3362 的规定,进行应力、裂缝宽度和挠度等的验算,并使计算值不超过规定的限值。

6.1.2 型钢混凝土梁体内预应力筋的张拉控制应力值依据不同材料(钢绞线、精扎螺纹钢筋)分别取抗拉强度标准值的 0.75 倍与 0.85 倍。

预应力损失应按现行行业标准《公路钢筋混凝土及预应力混凝土桥涵设计规范》JTG 3362 中的规定计算。但其预应力损失也涉及多方面因素,其数值应首先考虑采用结合工程具体条件由试验确定的数据进行计算。当无法进行试验或者无可靠的实测资料时,可取用规范给出的数据和计算方法。

6.2 抗裂验算

6.2.1 型钢混凝土梁按不允许开裂的全预应力与 A 类预应力构件进行设计时,应进行正截面和斜截面的抗裂验算。

6.2.2~6.2.3 型钢混凝土梁的抗裂要求,可参照现行行业标准《公路钢筋混凝土及预应力混凝土桥涵设计规范》JTG 3362。

6.3 裂缝宽度验算

6.3.1~6.3.3 本节裂缝宽度的计算,仅适用于在作用(或荷载)频遇组合并考虑长期效应组合影响下构件的垂直裂缝,不包括施工中混凝土收缩过大、养护不当等其他原因引起的非受力裂缝。对裂缝宽度的限值,应参照现行行业标准《公路钢筋混凝土及预应力混凝土桥涵设计规范》JTG 3362 的规定。

型钢混凝土裂缝宽度的计算公式是基于把实际处于受拉区的型钢部分和拉区预应力钢筋等均作为普通纵向受力钢筋按照《型钢混凝土组合结构技术规程》JGJ 138 的形式推导的。

裂缝间距的计算中,对于型钢与混凝土的粘结特性系数,光圆钢筋取为在 0.7 的基础上乘以 0.45 得到 0.315 进行考虑;其余钢筋的相对粘结特性系数直接按本节表格取用。

采用与现行国家标准《混凝土结构设计规范》GB 50010 同样的形式来推导型钢混凝土受弯构件裂缝宽度。通过试算,根据设计参数的不同,内力臂长度系数有所变动。但在常用设计参数取值范围内,总体在 0.64~0.79 之间,偏向较大数波动,变化幅度不大。将计算数据取平均,可近似取值 $\gamma_s = 0.73$。

6.4 挠度验算

6.4.1~6.4.4 试验表明,型钢混凝土梁在加载过程中截面平均应变符合平截面假定,且型钢与混凝土截面变形的平均曲率相同,因此,截面抗弯刚度可以采用钢筋混凝土截面抗弯刚度和型钢截面抗弯刚度叠加的原则来处理。故对于普通型钢混凝土构件,短期刚度可按外围混凝土刚度和型钢刚度叠加得到。计算方法参考了现行国家标准《混凝土结构设计规范》GB 50010。

长期荷载下,由于压区混凝土的徐变、钢与混凝土之间的粘结滑移徐变，混凝土收缩等原因会使梁的截面刚度下降，在长期效应作用下，挠度的长期增长系数应只对混凝土部分作修正。

7 结合与连接设计

7.1 一般规定

7.1.1 截面的结合一般指的是型钢与外包混凝土的结合。为保证型钢与混凝土的协同工作，对实腹式型钢混凝土结构构件，经计算需要时，应在型钢与混凝土间传力较大部位设置抗剪连接件。桁架式型钢混凝土构件中型钢与混凝土可协同工作，型钢上一般不设置抗剪连接件。

构件的连接一般指的是型钢混凝土的构件与混凝土构件的连接（如型钢立柱与混凝土承台、盖梁的连接），或者型钢混凝土构件之间的连接（型钢混凝土桁架构件）。

7.1.2 当外包混凝土有足够的保护层以及足够的封闭箍筋约束，可考虑实腹式型钢与混凝土的剪切粘结力。剪切应力超过容许剪切粘结力的部分应考虑采用抗剪连接件。

7.1.3 结合与连接设计原则性的要求。

7.2 抗剪连接件

7.2.2 型钢与混凝土之间的粘结作用，与混凝土强度、保护层厚度、约束钢筋配置、抗剪连接件的设置、受力条件等因素相关。在满足保护层及约束箍筋构造的条件下，粘结设计强度可取 0.6 倍的混凝土抗拉设计强度。

8 构造规定

8.2 结合与连接构造

8.2.1 圆柱头焊钉应符合现行国家标准《电弧螺柱焊用圆柱头焊钉》GB/T 10433 要求的材质和力学性能，此外，试验显示，翼缘设单排圆柱头焊钉延性表现不及双排圆柱头焊钉，因此，规定圆柱头焊钉应以圆柱头焊钉群的型式出现，满足一定数量要求。

腹板开孔连接方式中，穿孔钢筋是保证组合结构协同工作的必要构造，并非可有可无。穿孔钢筋不与型钢直接接触，可避免穿孔钢筋成为型钢的腐蚀通道，有利于保障组合结构的耐久性。

8.2.2 墩、梁刚性连接构造旨在保证连接节点处传力直接、刚度渐变、过渡平稳。本条构造要求设置的抗剪连接可以为圆柱头焊钉或腹板开孔。

8.2.3 延伸段型钢的抗剪连接构造宜采用腹板开孔，可以节省材料、方便施工。

8.2.5 埋入式柱脚的埋深是按柱底弯矩、剪力由型钢混凝土墩柱与基础混凝土之间的侧压力平衡求得的。钢骨规程规定柱内型钢采用轻型Ⅰ形截面时，埋深不得小于柱型钢截面高度的2倍；当采用大截面Ⅰ形、十字形、箱形截面时，埋深不得小于柱型钢截面高度的2.5倍；近年研究和试验表明，偏心受压型钢混凝土柱埋深2倍能满足柱底嵌固要求。

9 耐久性与可维护设计

9.1 一般规定

9.1.1~9.1.2 桥梁耐久性除受所处环境与所受作用等影响外,运行维护有至关重要影响。以可持续发展的理念寻求桥梁全生命周期的安全、经济和适用性,必然要求在建设前期对桥梁耐久性与可维护性进行周密的筹划与设计。现行行业标准《公路工程技术标准》JTG B01、《公路桥涵设计通用规范》JTG D60 对此提出了原则要求,秉承全生命周期可持续发展设计理念,本标准将可维护设计与耐久性设计并列,给出了相应具操作性的实施准则。

耐久性与可维护设计要考虑施工方法的影响。实际工程施工质量参差不齐现象是客观存在的,但设计必须基于一个确定的质量标准,即验收合格标准。而施工方法不同,如是否采用预制拼装、主动受力体外索等,则会影响桥梁的耐久性年限、维护条件和方法。

9.1.3 本条与现行国家标准《混凝土结构耐久性设计规范》GB/T 50476 要求一致。裂缝控制要求包括裂缝计算宽度限值和影响混凝土开裂的施工要求,以及日常维护中对表面裂缝的处理要求。

9.1.4 本标准与耐久性设计并列提出可维护设计,旨在从设计角度为桥梁维护提供一切必要条件。分析桥梁运行维护要求,确定设计计算中要考虑的维护工况,这是桥梁运行、维护得以安全进行的前提;对维护条件、设施、构件更换的设计安排,体现的是"可到达、可检查、可维修和可更换"要求;监测设计是现代桥梁运维信息化、自动化的基础,复杂桥梁需委托专业监测机构进行专项设计,一般桥梁也应进行一般性监测项目设计。

9.1.5 把桥梁设计使用年限与桥梁结构各个部件/部位使用年限区别开来,在设计中予以统筹考虑并明确载入设计文件,有利于构件更换、修复等维护操作,也是保证桥梁设计使用年限和可持续运行的内在要求。

9.2 耐久性设计

9.2.2 型钢混凝土钢筋、型钢受外包混凝土保护,较钢筋混凝土结构有相近的耐久性和更好的延性。目前经过长期运行考验的型钢混凝土桥应用实例、型钢混凝土桥防腐、耐久机理研究尚不多,工程实践中主要沿用现行国家标准《混凝土结构耐久性设计规范》GB 50476。

9.2.5 参照现行国家标准《混凝土结构耐久性设计规范》GB 50476。表中的混凝土抗氯离子侵入性指标与本标准规定的混凝土保护层厚度相对应,如实际采用的保护层厚度高于本标准的规定,应对本标准表 9.2.5 中数据作适当调整,具体应根据计算或试验确定。

9.2.6 型钢混凝土桥梁结构或构件中的型钢,受外包混凝土有效保护,同时其表面涂装会导致与混凝土间粘结能力降低,对钢－混凝土协同作用的发挥不利,因此规定型钢表面不作防腐涂装,只进行除锈处理。

9.2.7 预应力筋可采用表面防护、预应力套管、预应力套管填充、加大混凝土保护层等防护措施进行保护;预应力锚固端可采用锚头封罩、封罩填充、锚固区封填和混凝土表面处理等措施防护。

9.2.9 根据上海地区桥梁常见环境类别和作用等级,参照现行国家标准《混凝土结构耐久性设计规范》GB/T 50476 得到本标准

表 9.2.9。桥梁设计中如遇表中未列出的其他环境类别及其环境作用等级,仍可按现行国家标准《混凝土结构耐久性设计规范》GB 50476 相关规定确定其耐久性所需的施工养护要求。

9.3 可维护设计

9.3.1 可维护条件设计旨在解决满足桥梁维护需要在设计上考虑的问题,并不涉及桥梁维护、检修的具体要求和做法。桥梁运行养护单位在制定运行、维护细则时需要对设计允许的维护工况有清晰的了解。在施工图中明确桥梁维护工况可方便后续运行维护、防止误判,因此是十分必要的。

9.3.3 维护条件设计遵循"可到达、可检查、可维修和可更换"原则,确保桥梁整体和结构构件运行维护的方便与安全,包括配置必要工具设备、布置维检通道和防护措施、布置必要的预埋件、提供为进行维护而实施监测的条件等,在施工图设计中结合桥梁结构、构造细节统筹安排。

9.3.4 主受力构件更换如工况包括体外预应力索更换、梁拱体系吊杆更换、斜拉桥拉索更换、支座更换等,均应明确更换过程中的总体与细节要求。